W0066229

Das Kinder garten sinne buch

Regina Bestle-Körfer / Annemarie Stollenwerk

Das Kindergarten sinne buch

Mit den schönsten Ideen
für eine ganzheitliche Sinnesschulung

HERDER

FREIBURG · BASEL · WIEN

MIX
Paper from
responsible sources
FSC® C010798

© Verlag Herder GmbH, Freiburg im Breisgau 2013
Alle Rechte vorbehalten
www.herder.de

Umschlaggestaltung: RSR Design Reckels & Schneider-Reckels, Wiesbaden
Umschlag- und Textillustrationen: Hans-Günther Döring, Drestedt

Satz und Gestaltung: Arnold & Domnick, Leipzig
Herstellung: Graspo CZ, Zlín
Printed in the Czech Republic

ISBN 978-3-451-32620-2

Inhalt

Einführung

Das Kindergartensinnebuch bietet eine Vielfalt an Spiel-, Bewegungs-, Wahrnehmungs- und Kreativangeboten für einen abwechslungsreichen und sinnenreichen Kindergartenalltag. Sie finden darüber hinaus an jedem Kapitelanfang eine theoretische Einführung in den jeweils vorgestellten Sinn – Tasten, Gleichgewicht, Kinästhetik, Sehen, Hören, Riechen und Schmecken – mit Informationen zur Entwicklung des Sinns, seiner Funktion und seiner Bedeutung.

Wenn ein Kind geboren wird, sind es zunächst die unbewussten Reflexe (z. B. Saugreflex, Klammerreflex, Schreitreflex), die sein Überleben sichern, sowie eine liebevolle Versorgung und Pflege durch die Eltern. Erst wenn die Reflexe in den ersten Lebensmonaten verschwunden sind, beginnt die Ausreifung der Sinne, die über den Körperkontakt eine Verbindung zur Außenwelt entstehen lassen. Ohne Sinneswahrnehmung ist kein Lernen und bewusstes Handeln möglich. Im steten Wechsel von Sinnesreiz (tasten, hören, sehen usw.) und Körperreaktion (Bewegung) entsteht ein lebenslanger Kontakt und Austausch mit der Umwelt. Das Gehirn erfährt durch die Aktivierung der Sinne sehr viele Informationen, die seine bei der Geburt bereits vorhandenen Nervenzellen miteinander und mit den einzelnen Hirnregionen verbinden. Je häufiger die Körpersinne im Einsatz sind, umso effektiver arbeiten die Nervenzellen miteinander und gewährleisten eine gesunde Entwicklung.

Die Lebensbedingungen von Kindern heute sind gekennzeichnet durch eine Zunahme der Reizüberflutung in fast allen Lebensbereichen (visuelle und akustische Reize, Information, Werbung, Medienkonsum), fehlende Freiräume zum Experimentieren und freien Spielen, eine Geringschätzung von Kreativität und Fantasie sowie ein gestiegener Leistungs- und Konkurrenzdruck, der auch vor den Türen der Kita nicht Halt macht. Bereits kleine Kinder stehen unter Förderdruck und Beobachtung, ihre Entwicklungsschritte müssen schriftlich dokumentiert werden.

Es wird schnell übersehen, dass Kinder ein unerschöpfliches Repertoire an körperlichen und sinnlichen Ressourcen mit auf die Welt bringen, die sich unter guten, förderlichen Bedingungen aus sich selbst heraus entwickeln werden. Eine wichtige Bedingung stellt eine sinnlich anregungsreiche Umgebung dar sowie Menschen, die Kindern in einer Atmosphäre von Vertrauen und Wertschätzung ermöglichen, eigene, ganzheitliche Körper- und Sinneserfahrungen zu sammeln.

In diesem Buch finden Sie zu jedem Sinnesbereich schnell umsetzbare Spiele und Aktionen, die im Tun Basisfertigkeiten vermitteln, die für eine gesunde Entwicklung förderlich sind. Viele Angebote sind auch für die kleinsten Kindergartenkinder geeignet, weil sie basale Anreize für eine ganzheitliche Sinnesschule von Anfang an schaffen.

Wir haben die Reihenfolge der Sinne in diesem Buch so ausgewählt, dass wir bewusst mit den körpernahen Sinnen (Tastsinn, Gleichgewichtssinn und kinästhetischer Sinn) beginnen, um deren Relevanz für eine gute Körperentwicklung, als Basis für jedes Lernen zu vermitteln. Die Ausbildung der körperfernen Sinne (Sehen und Hören) ist ebenso wichtig, aber im bestehenden Medienzeitalter deutlich überrepräsentiert, bis hin zur Reizüberflutung, wie bereits erwähnt. Selbstverständlich sollte jede Sinnesschule so ganzheitlich wie möglich angeboten werden und Kindern Zeit zum Ausprobieren, Spüren und Erleben lassen. Auch die Neugier und Fantasie spielt für lustvolles Lernen mit allen Sinnen eine wichtige Rolle, weil Kinder dann ganz bei der Sache sind und hellwach in ihrer Aufmerksamkeit und Konzentration, der wichtigste Lernmotor überhaupt.

Es kann nicht ausdrücklich genug betont werden, welchen Stellenwert die Wiederholung für die Reifung des kindlichen Gehirns spielt. In der Wiederholung festigen sich Erfahrungen und werden zu Fertigkeiten. Die Wiederholung von Liedern, Spielen, Vorleseangeboten usw. ist immer entwicklungsfördernd und nachhaltig, was die moderne Hirnforschung mit der Erkenntnis, dass „eine Erfahrung keine Erfahrung ist", belegt.

Eine Kita, die Kindern täglich körperlich-sinnliche Angebote macht, unterstützt die Entwicklung von Basisfertigkeiten, auf die jedes abstrakte Lernen später in der Schule aufbaut. Im Alter von 8 Jahren haben Kinder die Basisfertigkeiten ihrer körperlich-geistigen Entwicklung in der Regel so verinnerlicht, dass eine abstrakte Denkleistung ohne Körperbezug möglich wird. Dann erst macht ein vom Körper entkoppeltes Lernen mit dem reinen Verstand Sinn. Die Vielzahl der unkonzentrierten, unruhigen zappelnden Kinder in der Grundschule zeigt deutlich, dass die Basisfertigkeiten noch nicht ausreichend eingeübt und verinnerlicht wurden. Mit diesem Buch wollen wir die Bedeutung einer vorschulischen Sinnes- und Bewegungsschulung anhand vielseitiger Praxisanregungen veranschaulichen.

Regina Bestle-Körfer, Annemarie Stollenwerk

1. Der Tastsinn (Taktile Wahrnehmung)

Der Tastsinn entwickelt sich bereits vor der Geburt, vor allen anderen Sinnessystemen und wird auch als *„die Mutter aller Sinne"* bezeichnet.

Die Berührungsempfindlichkeit der Haut eines Ungeborenen lässt sich im Mutterleib ab der 8. Lebenswoche nachweisen. Die Haut ist das wichtigste Kommunikationsorgan des Menschen. Ohne Hautberührung ist ein Säugling nicht überlebensfähig. Die Körpersprache des Säuglings ist die erste Sprache des Kindes, mit der es kommuniziert. Sanfte Berührungen, Zärtlichkeit und die Körperwärme beim Stillen und Füttern ermöglichen dem Säugling, mit der Mutter in Kontakt zu treten und nähren das Bedürfnis nach Halt und Sicherheit. Während die Eltern mit dem Kind kuscheln, werden im Gehirn des Säuglings unzählige Nervenzellen aktiviert und verschaltet. Über den engen Hautkontakt wird die *Grundlage einer sicheren Bindung und von Urvertrauen* geschaffen, die wichtige Weichen für die soziale und emotionale Entwicklung eines Kindes stellen. Die moderne Bindungsforschung belegt außerdem einen engen Zusammenhang zwischen einer früh erlebten sicheren Bindung und der Intelligenzentwicklung eines Kindes. Häufiger Blick- und Körperkontakt stärken die Bindung und geben die Sicherheit, die einem Kind das nötige Selbstbewusstsein verschafft, mit der Welt selbstständig in Kontakt zu treten und sich im Verlauf seiner weiteren motorischen Entwicklung (krabbeln, laufen) immer häufiger und in immer größer werdendem Radius von Mutter und Vater zu entfernen, um selber auf Entdeckungsreise zu gehen (Explorationsverhalten).

Taktile Reize geben, über das erste Lebensjahr hinaus, wichtige Informationen über die Temperatur (warm, heiß, kalt), die Materialbeschaffenheit (rau, glatt, hart, weich usw.) und über die Form (rund, eckig usw.) eines Gegenstands. Jedes Ding muss ausgiebig berührt und erfahren worden sein, um es zu *be-greifen*. Nur durch ausführliches Greifen, Anfassen und Berühren macht sich das Kindergartenkind von der Welt einen Begriff (Sprachentwicklung). Kein Gegenstand gelangt in den Verstand, der nicht vorher erspürt wurde. Dafür sorgen die Nervenzellen, die über das *Tastorgan: Haut* sämtliche Informationen ins Gehirn weiterleiten, wo sie als Erfahrung abgespeichert werden.

Zunächst spielt der Mund die wichtigste Rolle in der Tast- und Umwelterfahrung (orale Phase). Im Laufe des ersten Lebensjahrs werden die Hände zum Entdecken von Gegenständen und Materialien immer häufiger genutzt und in Kombination mit einer Ausreifung des Sehsinns wird das Greifen nach und nach zielgerichteter (Auge-Hand-Koordination).

Die Haut ist das größte Sinnesorgan des Körpers, sie stellt eine Verbindung nach außen dar und hat die Funktion, das Körperinnere zu schützen. Die Haut regelt die Körpertemperatur, ist Träger des Stoffwechsels und sie atmet. Die Häufigkeit taktiler Erfahrungen spielt eine wichtige Rolle für die Speicherung von Erfahrungen im Gehirn. Daher sollten Kinder im Kindergartenalter täglich möglichst viele Tasterlebnisse drinnen und draußen sammeln.

Tasterlebnisse für neugierige Hände und Füße

Taststraße

Alter: ab 2 Jahren
Material: Schuhkartons, Naturmaterial: Steine, Sand, Blätter, Erde, Kastanien, Eicheln, Nüsse, Moos, Rindenmulch usw., Tücher

Die Spielleitung füllt viele Schuhkartons mit Naturmaterial und stellt sie zu einer Taststraße aneinander. Die Kinder stellen sich vor der Taststraße auf und erleben die Naturmaterialien mit nackten Füßen.
Wer möchte, kann sich auch mit einem Tuch die Augen verbinden lassen und sich an der Hand der Spielleitung durch die Taststraße führen lassen. Das Spüren mit geschlossenen Augen ist noch intensiver.

Malender Fuß

Alter: ab 3 Jahren
Material: Tapetenrolle, Fingerfarben, Pinsel, flache Schüsseln, Eimer, Wasser, Handtücher

Die Spielleitung rollt die Tapetenbahn aus und stellt Schüsseln mit verschiedenfarbigen Fingerfarben davor.
Jedes Kind wählt zwei Farben aus – eine für den rechten Fuß, die andere für den linken Fuß. An der Hand der Spielleitung tritt es in zwei Schüsseln mit Farbe hinein und hinterlässt auf der ausgerollten Tapetenbahn seine Fußabdrücke. Am Ende der Tapetenbahn werden die Füße im Wassereimer sauber gewaschen und abgetrocknet.
Werden die Tapetenbahnen mit den bunten Füßen an die Wand gehängt, sieht es aus, als ob viele Kinderfüße die Wand hochlaufen.

Greifender Fuß

Alter: ab 2 Jahren
Material: Murmeln, bunte Chiffontücher, Dose, Tablett

Die Spielleitung verteilt auf dem Boden viele Murmeln und bunte Chiffontücher.
Die Kinder gehen durch den Raum, suchen sich zuerst eine Murmel aus, schieben sie
mit dem Fuß zur Dose in der Mitte und versuchen, die Murmel mit dem Fuß zu greifen und in die Dose zu befördern.
Ist diese Aufgabe gelöst, suchen sie ein Chiffontuch aus und versuchen es ebenfalls mit
dem Fuß zu befördern, bis es auf dem Tablett liegt.
Bei kleinen Kindern ist das Gleichgewicht noch nicht so sicher ausgeprägt. Sie brauchen eine helfende Hand, wenn sie die Murmel und/oder das Chiffontuch mit dem
Fuß greifen und befördern.

Hand- und Fußabdruck aus Gips   Kreativangebot

Alter: ab 2 Jahren
Material: angerührter Gips, flache Plastik-Suppenschalen (etwas größer als Kinderhän-
de und -füße), Fingerfarben, Pinsel, Kittel, Nägel, Bändchen

Den Gips anrühren und in die Schalen gießen. Die Kinder drücken ihre Hand und/
oder ihren nackten Fuß hinein. Die Spielleitung steckt oben einen Nagel in den Gips –
eine Öffnung, in die später ein Bändchen zum Aufhängen geschoben werden kann.
Nach etwa einer Stunde ist die Gipsoberfläche so weit getrocknet, dass sie von den
Kindern bunt angemalt werden kann.

Scheibenwischer

Koordinationsübung

Alter: ab 3 Jahren

Immer zwei Kinder stehen einander mit geöffneten Handflächen gegenüber und berühren sich mit ihren Händen. Ein Kind schließt nun die Augen und das andere Kind bewegt die Hände sehr langsam kreisend oder wischend hin und her, wie ein Scheibenwischer. Dabei bleibt es im Händekontakt mit dem Partnerkind.
Über den Tastsinn kann das Kind mit den geschlossenen Augen spüren, wie es die Hände mit bewegen muss, um mit seinem Partner verbunden zu bleiben.

Mondlandschaft

Wahrnehmungsübung

Alter: ab 2 Jahren
Material: Matratzen, Kissen, Seile, Eierkartons, Äste, Steine, Korken, Tennisbälle, Schwämme usw., Decke oder Laken

Die verschiedenen Materialien auf dem Boden verteilen und mit einer großen Decke oder einem Laken zudecken, so dass eine unebene Mondlandschaft entsteht.
Die Kinder begehen die Mondlandschaft mit nackten Füßen und trainieren ihren Tastsinn unter den Füßen und gleichzeitig ihren Gleichgewichtssinn.

Tastbeutel

Wahrnehmungsübung

Alter: ab 4 Jahren
Material: Stoffbeutel, Alltagsgegenstände (z.B. Würfel, Löffel, Radiergummi, Malstift, Socke, Handschuh, Uhr, Ring, Haarspange usw.)

Die Kinder sitzen im Stuhlkreis. Die Spielleitung hält einen Stoffbeutel mit vielen Alltagsgegenständen in der Hand, greift hinein und versucht tastend einen Gegenstand zu erraten, bevor sie ihn aus dem Tastbeutel herauszieht und den Kindern zeigt. Hat sie richtig geraten, legt sie ihn wieder zurück und gibt den Tastbeutel zum Tasten und Raten an das nächste Kind weiter.

Wer fehlt?

Alter: ab 4 Jahren
Material: Decke oder Bettlaken

Die Kinder sitzen im Stuhlkreis. Ein Kind geht kurz vor die Tür. Unterdessen versteckt sich ein Kind aus dem Stuhlkreis in der Kreismitte unter einer Decke. Das andere Kind wird hereingerufen und versucht herauszufinden, wer unter der Decke hockt. Es darf die Decke abtasten, es darf das Kind auffordern, einmal ein Wort nachzusprechen, z. B. *„Sag mal ‚Badewanne'"*; natürlich kann es auch im Kreis herumschauen, um zu sehen, wer fehlt.
Spielvariante: Ältere Kinder tauschen zusätzlich die Plätze im Stuhlkreis, bevor das Kind von draußen hereinkommt.

Detektiv

Alter: ab 5 Jahren
Material: Wollknäuel, 1 große Perle

Die Spielleitung fädelt eine Perle auf einen langen Wollfaden auf. Der Wollfaden muss so lang sein, dass alle Spielteilnehmer ihn im Stuhlkreis anfassen können. Wichtig ist, dass alle eng nebeneinandersitzen. Der Faden wird zusammengebunden und die Perle kann über den Wollfaden im Kreis weitergeschoben werden.
Ein Kind spielt den Detektiv. Es wird in die Kreismitte geführt und bekommt kurz die Augen zugehalten, so dass es nicht sieht, welches Kind die Perle am Faden in der Hand hält. Die Perle wird nun so unauffällig wie möglich weitergeschoben, möglichst immer dann, wenn das Kind in der Mitte gerade in die andere Richtung schaut. Hat der Detektiv einen Verdacht, ruft er *„Stopp"* und zeigt auf das Kind, das seiner Meinung nach gerade die Perle in der Hand hält. Hat er richtig geraten, tauschen beide die Plätze und die Perle wandert heimlich weiter im Kreis.

Höhlentiere

Alter: ab 4 Jahren
Material: 3 verschiedene Kuscheltiere, Decke oder Laken, Augenbinde

In der Kreismitte versteckt die Spielleitung drei verschiedene Kuscheltiere unter einer großen Decke. Sie erzählt den Kindern die Geschichte von der Kuscheltierbande, die sich immer zusammen in diese Höhle zurückzieht und dort gemeinsam schläft und schöne Dinge träumt. Wer traut sich, mit verbundenen Augen unter die Decke zu krabbeln und nur durch Tasten mit den Händen herauszufinden, welche drei Kuscheltiere dort schlafen?

Spielvariante für jüngere Kinder: Die Kinder versuchen, das Stoffeichhörnchen in der dunklen Deckenhöhle zu ertasten und aus der ‚Höhle' herauszubringen.

Eichhörnchenspiel

Alter: ab 2 Jahren
Material: Stoffeichhörnchen, Seile, Körbchen, Kastanien, Eicheln, evtl. leise Musik

In der Mitte des Turnraums steht ein leeres Körbchen, davor sitzt das Stoffeichhörnchen. Viele Seile werden auf dem Boden ausgelegt, die alle beim Körbchen enden. Die Kastanien und Eicheln liegen im Raum verteilt auf dem Boden. Die Kinder haben nackte Füße und spielen Eichhörnchen, die Vorräte für ihr Nest sammeln. Dafür nehmen sie immer eine Frucht in die Hand und tragen sie zum Körbchen in der Mitte. Dazu müssen sie mit den nackten Füßen über die Seile balancieren, das sind die Äste eines Baums. Das ruhige Spiel ist zu Ende, wenn alle Früchte im Körbchen aufgesammelt sind.

Die Nadel sprach zum Luftballon

Fingerspiel

Alter: ab 2 Jahren

Die Nadel sprach zum Luftballon:

Du bist rund und ich bin spitz.
Jetzt machen wir einen lustigen Witz.
Jetzt machen wir ein „Schnetteredeng".

Ich mache pieks ...
... und du machst peng!

Eine Hand zur Faust ballen (sie stellt den Luftballon dar), die andere Hand streckt den Zeigefinger aus (und stellt die Nadel dar).

Die Nadel (der Zeigefinger) sticht in die Faust hinein, als ob sie den Luftballon zerstechen würde.

Laut in die Hände klatschen!

Mein Häuschen ist nicht grade

Fingerspiel

Alter: ab 2 Jahren

Mein Häuschen ist nicht grade,

das ist aber schade.

Mein Häuschen, das ist krumm,

das ist aber dumm.
Bläst der kalte Wind hinein,
rums, fällt mein ganzes Häuschen ein.

Mit beiden Händen ein Schrägdach bilden und schief halten.

In die Hände hineinpusten.
Die Hände auf die Oberschenkel klatschen.

Katzen können Mäuse fangen

Alter: ab 2 Jahren

Katzen können Mäuse fangen.	*Die rechte und linke Hand ‚laufen' als Katzen über die eigenen Oberschenkel.*
Sie haben Pfoten wie die Zangen,	*Mit beiden Daumen und Zeigefinger eine Greifbewegung machen.*
krabbeln in alle Löcher	*Mit der rechten in die linke Hand hineinschlüpfen.*
und zuweilen auch auf Dächer.	*Mit beiden Händen ein Dach formen.*
Mäuschen mit dem langen Schwänzchen,	*Daumen und Zeigefinger beider Hände zusammenführen, auseinanderziehen als langes Schwänzchen.*
machen auf dem Dach ein Tänzchen.	*Zuerst ein Dach bilden und dann beide Hände öffnen und drehen.*
Leise, leise kommt die Katze,	*Schleichbewegungen mit beiden Händen machen.*
fängt die Maus mit einem Satze!	*Beide Hände auf die Oberschenkel klatschen.*

Der Turm wackelt

Alter: ab 2 Jahren

Die Spielleitung beginnt. Sie hält die linke Hand zur Faust geballt, mit nach oben gestrecktem Daumen und setzt die rechte Faust auf den linken Daumen. Der rechte Daumen wird ebenfalls nach oben gestreckt. Eine Kinderfaust ergreift den Daumen der Spielleitung und setzt die eigene andere Hand ebenfalls mit abgespreiztem Daumen auf den immer größer werdenden Händeturm.
Wenn alle mitspielenden Hände aufeinandergestapelt wurden, sprechen alle gemeinsam:
„Der Turm, der wackelt, der Turm, der wackelt, die oberste Spitze fällt ab!"
Dabei wird der Händeturm etwas hin und her bewegt und die oberste Hand verlässt den Händeturm wieder. Der Spruch wird wiederholt, und jedes Mal fällt eine Hand vom Turm ab, bis der Turm verschwunden ist.

Spiellied: Taler, Taler, du musst wandern

Text und Melodie: volkstümlich

Ta-ler, Ta-ler, du musst wan-dern von dem ei-nen Ort zum an-dern.

Bist nicht hier, bist nicht dort, bist an ei-nem an-dern Ort.

Talerspiel

Wahrnehmungsübung

Alter: ab 2 Jahren
Material: Spielmünze

Die Kinder sitzen im Kreis. Die Spielleitung hält eine Spielmünze in den Händen und beginnt das Lied zu singen. Dabei gibt sie die Spielmünze weiter in die geöffneten Hände des Kindes neben ihr. Die Spielmünze wandert weiter von Hand zu Hand im Kreis, bis sie wieder bei der Spielleitung angekommen ist.

Spielvariante besonders für kleinere Kinder: Die Spielleitung gibt ein Händestreicheln, anstelle einer Spielmünze im Kreis weiter. Dabei wird der Hautkontakt über die Handinnenfläche besonders betont.

Mit Fingerchen

Alter: ab 2 Jahren

Mit Fingerchen, mit Fingerchen,	*Mit beiden Zeigefingern auf den Tisch tippen.*
mit flacher, flacher Hand,	*Mit beiden flachen Händen auf den Tisch patschen.*
mit Fäusten, mit Fäusten,	*Mit beiden Fäusten auf den Tisch klopfen.*
mit Ellenbogen,	*Mit den Ellenbogen auf den Tisch klopfen.*
klatsch, klatsch, klatsch.	*In die Hände klatschen.*
Leg die Hände auf den Kopf,	*Beide Hände auf den Kopf legen.*
forme einen Blumentopf.	*Einen Topf formen.*
Leg die Hände zu 'ner Brille,	*Mit Daumen und Zeigefingern eine Brille vor den Augen formen.*
sei einmal ein bisschen stille.	*Flüstern und Finger vor den Mund halten.*
Wir werfen mit Zitronen,	*Werfbewegungen machen.*
mit Erbsen und mit Bohnen:	
Piff, paff, puff!	*Dreimal in die Hände klatschen.*

Da kommt die Schnecke

Alter: ab 0 Jahren

Erst kommt die Schnecke,	*Mit den Fingern erst über den rechten Arm, dann über den linken Arm krabbeln.*
die krabbelt um die Ecke.	
Dann kommt der Zwerg,	*Mit den Fingern sanft über den Kopf streichen.*
der geht über den Berg.	
Dann kommt der Hase,	*Mit dem Zeigefinger auf die Nase tippen.*
der stupst deine Nase.	
Und dann kommt der Floh,	*Erst mit den Fingern über den Körper kribbeln, dann überall kitzeln.*
der macht si-sa-so!	

Spiellied: Ich ging zum Doktor Wullewullewull

Text und Melodie: volkstümlich

Ich ging zum Dok-tor Wul-le Wul-le Wull mit

mei-ner Schwes-ter Kil-le Kil-le Kill, mit mei-nem Bru-der

Box, Box, Box, er sagt, ich sei ein Ochs Ochs Ochs.

Klatschspiel

Alter: ab 3 Jahren

Immer zwei Kinder stellen sich gegenüber auf. Zum Liedrhythmus wird nun geklatscht: zuerst in die eigenen Hände und dann mit beiden Händen gegen die Hände des Partners. Beim Wort „Wulle" drehen sich die Hände umeinander. Bei „Kille" kitzeln sich die Kinder gegenseitig und beim Wort „Box" stoßen sie ihre Fäuste aneinander. Bei „Ochs" werden beide ausgestreckten Zeigefinger aneinandergetippt.

Drachenspiel

Alter: ab 2 Jahren

Das Gedicht wird zusammen gesprochen. Beim Wort „*uuaah*" zeigt jedes Kind mit beiden Händen ein aufgeklapptes Maul und reißt den Mund weit auf. In der letzten Zeile bei „*happs*" einmal laut in die Hände klatschen.

Drachenfutter

Wenn der Drache erwacht, uuaah!
Wisst ihr was er macht? Uuaah!
Reißt sein Riesenmäulchen auf! Uuaah!
Schnauft und schnappt, uuaah!
Gurgelt und schmatzt, uuaah!
Drachenfutter, Drachenbutter – happs!

Regina Bestle-Körfer

Drachenbauch

Alter: ab 5 Jahren
Material: leere Toilettenpapierrolle, 2 Wattekugeln, rotes Papier, grüne und schwarze Filzstifte, Schere, Kleber, schwarze Herrensocke, Bindfaden, Murmeln

Die Kinder basteln einen gefräßigen Sockendrachen, der am liebsten Murmeln verspeist. Dafür bekleben sie eine leere Toilettenpapierrolle mit rotem Papier und kleben in die Mitte zwei grün angemalte Wattekugeln als Augen auf. Die Socke wird über die Öffnung der Rolle gestülpt und mit dem Bindfaden umwickelt. Zum Schluss bekommt der Drache noch eine Zunge aus rotem Papier, die vorne in die Klorollenöffnung hineingeklebt wird.
Die Kinder können mit dem Sockendrachen Tastspiele spielen. Dafür füttert ein Kind den Drachen mit ein paar Murmeln, und die anderen Kinder versuchen durch Tasten herauszufinden, wie viele Murmeln sich im Drachenbauch befinden.
Spielvariante: Die Spielleitung versteckt in einem großen Bettbezug viele Spielsachen. Jedes Kind darf, ohne hineinzusehen, mit der Hand in den ‚Drachenbauch' hineingreifen und durch Tasten erraten, was der Drache verspeist hat.

Drachentraum

Alter: ab 3 Jahren
Material: Decke, Augenbinde, Ball, Murmel, Löffel, Muschel, Zapfen, Banane usw.

Ein Kind legt sich auf eine Decke in der Kreismitte und bekommt die Augen verbunden. Es spielt den schlafenden Drachen. Der Drache träumt davon, was er alles verschlingen will. Die Spielleitung (oder ein anderes Kind) legt dem Kind auf der Decke nacheinander drei verschiedene Gegenstände auf den Bauch. Das Kind versucht mit den Händen durch Tasten zu erraten, was das sein könnte. Wenn der Drache erwacht, erzählt er, wovon er „geträumt" bzw. was er mit den Händen ertastet hat.

Spiellied: Erst kommt der Sonnenkäferpapa

Text: traditionell, Melodie: Stephan Janetzko
© Edition SEEBÄR-Musik Stephen Janetzo (www.kinderlieder-undmehr.de)

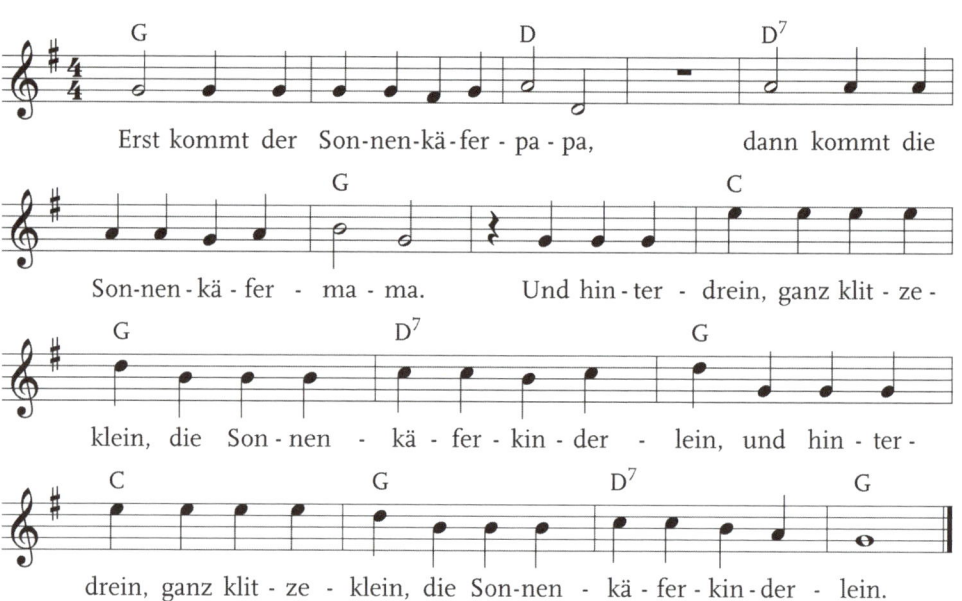

Sonnenkäfer-Kitzelspiel

Spiellied

Alter: ab 2 Jahren

Das Sonnenkäferlied wird gesungen und dazu krabbeln die Fingerspitzen einer Hand am Arm hinauf und wieder hinunter. Entweder macht es jedes Kind am eigenen Körper, oder das Lied wird als Partner-Krabbelmassage gespielt.

Naturdenkmal Konzentrationsübung

Alter: ab 4 Jahren
Material: 2 Tabletts oder Kartons, Naturmaterial: Steine, Blätter, Federn, Zapfen, Federn, Moos, Kastanien usw.

Die Spielleitung verteilt die Naturmaterialien gleichmäßig auf zwei Kartons oder Tabletts.
Die Kinder bilden zwei Mannschaften und wählen jeweils ein Kind aus, das sich ruhig auf die Erde setzt. Es wird von den Kindern der eigenen Mannschaft zu einem „Naturdenkmal" geschmückt: Jede Mannschaft versucht so viele Naturmaterialien wie möglich so auf Armen, Beinen, Schultern oder auf dem Kopf des Kindes zu verteilen, dass nichts herunterfällt.
Nach ein bis zwei Minuten beendet die Spielleitung das Schmücken und es wird gezählt. Für jedes Teil, das liegen geblieben ist, gibt es einen Punkt.

Fußrätsel Konzentrationsübung

Alter: ab 4 Jahren
Material: Steine, Zapfen, Blätter, Stöcke, Moos usw., großes Tuch

Die Kinder sammeln draußen im Garten Naturmaterialien.
Alle Gegenstände werden auf den Boden gelegt und mit einem Tuch verdeckt. Die Kinder setzen sich barfuß um das Tuch. Sie strecken ihre nackten Füße darunter aus und versuchen mit den Zehen einen Gegenstand heranzuziehen. Jedes Kind beschreibt nun, was es mit den Füßen fühlt: Ich fühle etwas Hartes, Weiches, Raues, Spitzes usw. Was könnte es sein?

Erde-Fingerspiel

Alter: ab 4 Jahren
Material: Erde, Blumensamen, Gießkanne, Wasser

Dieses Fingerspiel wird direkt auf der Erde gespielt (entweder hocken die Kinder vor einer großen Wanne voll Erde oder im Gartenbeet). Die Hände und Finger spielen nach, wie ein Bauer sein Feld bearbeitet:

Der Bauer gräbt die Erde um,	*Mit den Fingern in der Erde wühlen und graben.*
sein Traktor fährt im Kreis herum.	*Kreise in die Erde malen.*
Gute Erde, die ist fein,	*Erdklumpen zwischen den Fingern zerkrümeln.*
darum hackt er Klumpen klein.	
Schmale Linien fügt er ein,	*Mit dem Finger Linien in die Erde ziehen.*
legt die Samen dort hinein.	*Samen nebeneinander in die Erde legen.*
Deckt die Erde leise zu,	*Die Samen mit Erde zudecken.*
die Samen halten Winterruh.	*Sanft über die Erde streicheln.*
Da, es regnet immer mehr,	*Mit den Fingerspitzen über die Erde tippen.*
und der Bauer freut sich sehr.	*In die Hände klatschen.*

Regina Bestle-Körfer

Zum Schluss das Gießen der Samen nicht vergessen!

Geschmückte Erdehände

Alter: ab 3 Jahren
Material: Erde, Wasser, Steinchen, Gras, Beeren, Blätter

Wer hat Lust seine Hände mit Erdekunst schmücken zu lassen und sich dabei zu entspannen?
Ein Kind legt seine Hände auf einen Tisch oder auf einen Baumstumpf, und die anderen Kinder bedecken beide Hände mit Erde. Mit ein wenig Wasser haftet die Erde besser auf der Hand und lässt sich mit Mustern aus Beeren, Gras, Blättern etc. verzieren.

Erdezwerg

Alter: ab 3 Jahren
Material: Erde, Wasser, Steinchen, Gras, Beeren

Lockere, weiche Erde (z. B. von einem Maulwurfshügel) lässt sich in Verbindung mit Wasser besonders gut formen.
Die Kinder schichten eine Handvoll Erde auf einem Brett oder auf Steinen auf und formen daraus einen kleinen Zwerg. Er bekommt Augen, Nase, Mund aus Steinen und/oder Beeren und evtl. Haare aus Gras. Jedes Kind gibt seinem Zwerg einen Namen – z. B. Zwerg Zacharias oder einen Fantasienamen.

Wildschweinkinder

Alter: ab 3 Jahren
Material: Erde, Sand, Zapfen, Kastanien, Eicheln, Bucheckern

Wie kleine Wildschweinkinder, die mit ihrer Schnauze im Waldboden nach Eicheln, Beeren, Samen und Würmern buddeln, buddeln die Kinder mit ihren Händen im Sand oder in lockerer Erde. Die Spielleitung hat vorher in einem abgegrenzten Spielfeld allerlei Herbstfrüchte vergraben. Gerade taktil empfindliche Kinder profitieren von diesem lustvollen Buddelspiel.

Tonspur

Alter: ab 5 Jahren
Material: Ton, Naturmaterial wie Steine, Zapfen, Rinde, Äste, Kastanien usw.

Jedes Kind bekommt einen Klumpen Ton und knetet ihn mit den Händen so lange, bis er sich weich und geschmeidig anfühlt. Dann geht es nach draußen in den Garten und macht von einem Naturgegenstand (z. B. Baumrinde, Stein, Zapfen usw.) einen Abdruck in seinen Tonklumpen hinein – eine Tonspur. Anschließend kommen alle Kinder im Kreis zusammen und versuchen gemeinsam herauszufinden, um welche Tonabdrücke es sich handelt.
Bereits das Drücken und Kneten des Tonklumpens verschafft angenehme Tasterfahrungen.

Blättersalat

Wahrnehmungsübung

Alter: ab 3 Jahren
Material: Plastikschüssel, Blätter, Stöcke, Rinde, Steinchen, Tannennadeln, Gras, Erde, Wasser

Die Kinder sammeln Blätter, vermischen sie in der Schüssel mit den Händen oder mit Stöcken und bereiten aus Erde und Wasser eine Soße. Der Blättersalat wird mit Gras, Steinchen, Tannennadeln etc. verfeinert.
Das Spüren des Naturmaterials mit den Händen und Fingern ist eine wichtige Materialerfahrung. Das Tasterleben und das kreative Tun sind wichtiger als das Ergebnis.
Der Blättersalat kann zum Schluss noch auf Rinde verteilt und fantasievoll dekoriert werden.

Sandkuchenbäckerei

Geschicklichkeitsübung

Alter: ab 5 Jahren
Material: Sand, Schaufel, Sandförmchen, Sandeieruhr

Es werden zwei Mannschaften gebildet, die gegeneinander antreten, um die längste Sandkuchenreihe zu bauen. Auf ein Startkommando dreht die Spielleitung die Sandeieruhr um und jede Mannschaft „backt" in der Kürze der Zeit so viele Sandkuchen wie möglich. Alle Sandkuchen müssen in jeweils zwei Reihen hintereinander aufgebaut werden. Jeder vollständige Sandkuchen einer Reihe gibt einen Punkt.

Graskitzeln

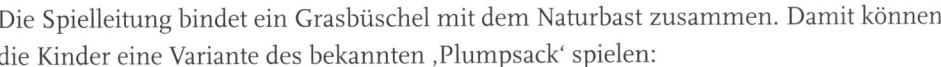

Alter: ab 5 Jahren
Material: Grasbüschel, Naturbast zum Binden

Die Spielleitung bindet ein Grasbüschel mit dem Naturbast zusammen. Damit können die Kinder eine Variante des bekannten ‚Plumpsack' spielen:
Die Kinder stehen im Kreis und halten ihre Hände geöffnet hinter den Rücken. Ein Kind geht im Außenkreis mit dem Grasbüschel in der Hand. Es sucht sich ein Kind aus, kitzelt seine Hände mit dem Grasbüschel, lässt es fallen und läuft einmal um den Kreis herum. Das gekitzelte Kind hebt das Grasbüschel sofort auf und versucht das Kind noch zu erreichen und mit dem Grasbüschel zu berühren. Gelingt ihm dies, muss das Kind in der Kreismitte warten, bis ein anderes Kind gefangen wurde und es im Innenkreis ablöst.

Blätter- und Graspuppen

Alter: ab 4 Jahren
Material: frische Blätter, Gras, Heu, Hagebutten, Naturbast, Schere, Filzstift

Die Kinder rollen frische Blätter zwischen den Fingern und binden zwei Stücke Naturbast darum, als Puppenkörper. Oder sie umwickeln Gras- bzw. Heubüschel mit dem Bast.
Ein zweites eingerolltes Blatt oder umwickelte Grasbüschel stellen die Arme dar, die ebenfalls mit Bast am Körper befestigt werden.
Der Körper kann mit einem Blatt umwickelt werden – als Puppenkleid. Als Kopf ein rundes Blatt oder eine Hagebutte von oben in den gerollten oder gewickelten Körper stecken. Die Blätter- und Graspuppen bekommen noch Gesichter aufgemalt.

Tropfriesen und Tropfzwerge Wahrnehmungsübung

Alter: ab 5 Jahren
Material: Eimer, Sand, Wasser

In einem Eimer verrühren die Kinder Sand mit so viel Wasser, dass matschiger und tropffähiger Sand entsteht. Diesen sehr flüssigen Sand lassen die Kinder aus der zur Faust geschlossenen Hand auf den Boden tropfen. Nach und nach setzen sich die Tropfen aufeinander und es entstehen unterschiedlich hohe Sandwesen – Riesen und Zwerge.
Das intensive taktile Erleben von Matsch an den Händen wirkt sich auch auf die Psyche der Kinder harmonisierend aus.

Goldwäscher Wahrnehmungsübung

Alter: ab 5 Jahren
Material: verschieden große Steine, goldene Farbe, Pinsel, Sand, Sieb, Schaufel, Eimer

Die Kinder malen für dieses Spiel zunächst große und kleine Steine mit Goldfarbe an. Die Goldschätze werden, wenn die Farbe getrocknet ist, in einer großen Wanne mit Sand oder draußen im Sandkasten vergraben. Mit Schaufel, Sieb und Eimer ausgerüstet gehen die Kinder im Sand auf Goldsuche.
Spielvariante: Es können auch zwei Mannschaften in einem Wettspiel den größten Goldklumpen ausfindig machen.

Sandstaffel Geschicklichkeitsübung

Alter: ab 5 Jahren
Material: Sand, Eimer, Seile, Äste, Messbecher

Die Sandstaffel wird draußen am Sandkasten gespielt. Die Kinder bilden zwei Mannschaften. Vor dem Sandkasten werden zwei Hindernisparcours aufgebaut: aufgestellte Eimer zum Slalomlaufen, ausgelegte Seile zum Balancieren und Äste zum Übersteigen. An jedem Parcoursende steht ein Eimer.
Auf ein Startkommando ergreift das erste Kind jeder Mannschaft eine Handvoll Sand und transportiert den Sand so schnell wie möglich zum aufgestellten Eimer. Es läuft zur Mannschaft zurück, klatscht den nächsten Mitspieler ab, und am Ende wird die Sandausbeute beider Mannschaften in einem Messbecher gemessen und die Siegermannschaft ermittelt.

Gleichgewicht

2. Der Gleichgewichtssinn (Vestibuläre Wahrnehmung)

Zwischen der 6. und 8. Schwangerschaftswoche beginnt die Ausbildung des Gleichgewichtsorgans im Mutterleib. In der ersten Zeit der Schwangerschaft findet der Fötus noch genügend Platz, sich frei in der Fruchtblase zu bewegen. Jede Lageveränderung trägt bereits im Mutterleib dazu bei, das Gleichgewichtssystem auszubilden. Nach der Geburt muss der Säugling lernen, seinen Körper in Einklang mit den Kräften der Erdanziehungskraft zu bringen. Das Heben des Kopfes, aufrecht zu sitzen und zu stehen sind die größten Herausforderungen des ersten Lebensjahrs. Hierfür benötigt das Kind regelmäßige sanfte Schaukelanreize für die Entwicklung seines Gleichgewichtssystems.

Es besteht außerdem eine enge Verbindung des Gleichgewichtssystems zum Seh- und Hörsinn, die sich beide erst durch entsprechende Gleichgewichtsschulung (vestibuläre Stimulation) gut entwickeln. Die Augenbewegungen beim späteren Lesenlernen werden vom Gleichgewichtssystem ausbalanciert, ebenso die Handbewegungen beim Schreibenlernen. Man spricht beim Gleichgewichtssinn, wegen seiner Bedeutung für eine gesunde Entwicklung, auch vom „Vater aller Sinne".

Die Bedeutung des Gleichgewichtssinns wird vielfach unterschätzt. Ein gutes Gleichgewicht ermöglicht eine gute Bewegungskoordination von Kindheit bis ins hohe Alter und trägt dazu bei, sich sicher und ohne große Verletzungen frei zu bewegen. Auch die Konzentrationsfähigkeit gelingt am besten in einem gut ausbalancierten, wachen Körper. Körper und Geist bilden eine Einheit, und daher kann Lernen niemals losgelöst von der Schulung der Sinne gelingen. Durch sanftes Wiegen, Schaukeln und Getragenwerden des Säuglings werden sehr viele Nervenbahnverbindungen im Gehirn aktiviert, die zur Ausreifung des Gleichgewichtsorgans beitragen.

Das Gleichgewichtsorgan befindet sich im Innenohr. Alle Gänge und Kammern des Innenohrs, die einem Labyrinth gleichen, nehmen Reize der Beschleunigung und der Lageveränderung auf und helfen die Orientierung zu finden, die man für jede Fortbewegungsart (laufen, hüpfen, rückwärtsgehen usw.) benötigt. Wird der Körper weiterbewegt, ohne sich dabei selbst zu bewegen (z. B. beim Autofahren), wird das Gleichgewichtssystem nicht herausgefordert. Drehbewegungen sind für ein untrainiertes Gleichgewichtssystem eine große Herausforderung, der Körper reagiert bei Ungeübten leicht mit Schwindel.

Man unterscheidet verschiedene Gleichgewichtsarten: dynamisches Gleichgewicht mit Fortbewegung (z. B. Drehbewegungen), statisches Gleichgewicht ohne Fortbewegung (z. B. Einbeinstand), Gleichgewicht auf unebenem Untergrund und das Balancieren von Gegenständen auf oder mit dem Körper (z. B. Rollschuhlaufen).

Steigende Unfallzahlen von Kindern durch unkoordinierte Stürze, unruhige und zappelnde Kinder, die durch einen unbändigen ungesteuerten Bewegungsdrang in Kita und Grundschule auffallen, machen ein Defizit in der Ausreifung ihres Gleichgewichtssystems deutlich. Übungsanreize für die eigene Körperentwicklung inklusive Gleichgewichtstraining drinnen und draußen sollten in Kita und Grundschulalter auf der Tagesordnung stehen, besonders im Hinblick auf die zu häufig sitzenden Freizeitbeschäftigungen bei vielen Kindern.

Spielerisch im Gleichgewicht –
Vom Balancieren

Spiellied: Ein Elefant, der balancierte

Text: traditionell/Fredrik Vahle, Melodie: traditionell
© Aktive Musikgesellschaft mbH, Dortmund (www.aktive-musik.de)

Ein E-le-fant, ja, der ba-lan-cier-te auf ei-nem

Spin-nen-, Spin-nen - netz.___ Da rief er froh:

Hur - ra, es hält! Ich ho-le mei-ne Freun-din jetzt.___

2. Zwei Elefanten, die balancierten, auf einem Spinnen-, Spinnennetz.
   Da riefen sie: Hurra, es hält! Ich hole mir die/den ... jetzt.

3. Drei Elefanten, die balancierten, auf einem Spinnen-, Spinnennetz.
   Da riefen sie: Hurra ...

Der Elefant im Spinnennetz Spiellied

Alter: ab 2 Jahren
Material: Seile oder Bänder

Die Spielleitung legt in der Kreismitte ein Spinnennetz aus Seilen oder Bändern auf den Boden. Ein Kind spielt die Spinne und sitzt im Spinnennetz auf dem Boden. Ein zweites Kind spielt den Elefanten, der über die Seile balanciert (ohne Schuhe!). Die anderen Kinder sitzen im Stuhlkreis oder auf dem Boden um das Spinnennetz herum. Alle singen gemeinsam das Lied, und in jeder Strophe holt sich das Elefantenkind ein neues Kind zum Balancieren ins Spinnennetz. Wenn alle Kinder im Netz sind, wackelt das Spinnenkind in der Mitte an den Seilen, alle Kinder zappeln mit Armen und Beinen und fallen um!

35

Urwaldlandschaft Gleichgewichtsübung

Alter: ab 3 Jahren
Material: Matratzen, Kissen, Matten, kleines Trampolin usw. großes Schwungtuch

Die Spielleitung legt weiche und wackelige Gegenstände auf den Boden und bedeckt sie mit einem großen Tuch.
Die Kinder erspüren die Beschaffenheit des Untergrunds mit den Füßen. Beim Gehen und Laufen über die Unebenheiten des wackeligen Untergrunds machen sie wichtige Gleichgewichtserfahrungen.
Spielvariante: Die Kinder transportieren kleine Bälle auf Esslöffeln oder sie balancieren gemeinsam einen Gegenstand durch den wackeligen Urwald: z.B. einen Ball auf einem Tuch, das von zwei Kindern gehalten wird.

Balancierparcours Gleichgewichtsübung

Alter: ab 4 Jahren
Material: leere Getränkekisten (am besten breite, flache Bierkästen), verschieden breite Bretter

Die Spielleitung baut mit den Kindern einen Balancierparcours entweder drinnen auf einem Teppich oder draußen auf dem Rasen. Die Kinder balancieren alleine über die Bretter oder helfen sich gegenseitig beim Balancieren. Bei schmaleren Brettern kann eine Hilfestellung besonders für die kleineren Kinder notwendig sein.

Zirkusrätsel

Vier Füße schweben,
ohne zu kleben
zwischen Himmel und Erde
auf dünnem Seil,
nur millimeterbreit,
im bunten Flitter-Flatter-Kleid.

Ein Schirmchen zappelt,
ein Fahrrad wackelt.

Wer tanzt so mutig
in hoher Gefahr?
Ein Seiltänzerpaar!

Regina Bestle-Körfer

Hochseiltanz   Gleichgewichtsübung

Alter: ab 3 Jahren
Material: Bänke, dicke und dünne Seile, Kinderschirm

Die Spielleitung baut drinnen einen Balancierparcours aus Bänken und ausgelegten
Seilen. Die Kinder spielen Hochseiltänzer: Entweder balancieren sie mit ausgebreiteten
Armen oder nehmen einen geöffneten Kinderschirm als Balancierhilfe. Es können
auch zwei Kinder gleichzeitig aufeinander zu balancieren, sich dann an den Händen
gegenseitig festhalten, in die Hocke gehen und wieder aufstehen oder auch aneinander vorbei balancieren, ohne die Bank oder das Seil zu verlassen. Je enger die Kinder
aneinander vorbeigehen und sich aneinander festhalten, umso eher gelingt dieses
Zirkuskunststück.
Spielvariante: Die Kinder bekommen Gelegenheit, draußen in der Natur über alles zu
balancieren, was die Natur anbietet: Baumstämme, Äste, Steinbrücken usw.

Rutschpartie   Gleichgewichtsübung

Alter: ab 3 Jahren
Material: Decken

Auf einem glatten Boden liegt eine Decke. Ein Kind wird ausgewählt, das sich auf die
Decke setzt und die erste Rutschpartie erleben darf. Die anderen Kinder fassen die
Decke am äußersten Rand und ziehen das Kind auf der Decke schwungvoll über den
Boden, bis zum Ende des Raums. Dann wird gewechselt und die nächste Rutschpartie
beginnt. Das Kind auf der Decke sagt die Geschwindigkeit an – schneller oder langsa-
mer, bitte!

Schieflage

Alter: ab 3 Jahren
Material: Sprossenwand, 2 Bänke, große Matte

Um die eigene Achse zu rollen erfordert ein gutes Körpergefühl und trainiert den Gleichgewichtssinn. Kinder suchen diese Herausforderung für den eigenen Körper gerne, wenn sie draußen an einem Hang stehen und sich eine Wiese hinabrollen lassen. Im Turnraum hat ein selbst gebauter Hang ebenfalls seinen Reiz.
Die Spielleitung hängt zwei Bänke in die Sprossenwand und legt eine dicke, große Matte darauf. Immer einzeln krabbeln die Kinder die Schieflage hinauf und lassen sich hinunterrollen.

Rutschbahn

Alter: ab 3 Jahren
Material: Plastikplane, Schmierseife, Wasser

Im Sommer wird auf der Wiese eine große stabile Plastikplane ausgebreitet. Mit etwas Schmierseife und Wasser entsteht eine Rutschbahn, die sowohl für das Tasten mit den Füßen als auch für den Gleichgewichtssinn und die Körperwahrnehmung insgesamt ein spannendes Sommererlebnis bietet. Natürlich kann auch auf dem Bauch, auf dem Rücken und auf den Knien gerutscht werden.

Rollerparcours

Alter: ab 4 Jahren
Material: Roller, Pylonen, Kegel oder Flaschen, schmale Bretter

Roller fahren setzt eine gute Körperwahrnehmung und Koordination voraus. Jedes Kind sollte Erfahrungen im Rollerfahren sammeln, bevor es auf ein Fahrrad umsteigt. Zuerst wird geradeaus fahren geübt, doch viel interessanter sind Herausforderungen wie Slalomfahren um Hindernisse oder das Überwinden von Unebenheiten. Dazu baut die Spielleitung einen Rollerparcours auf, den die Kinder mit Spielfreude überwinden und gleichzeitig ihren Gleichgewichtssinn trainieren.

Steinmännchen

Alter: ab 3 Jahren
Material: kleine, flache Steine oder Kastanien

Die Kinder bilden Paare. Die Kinder einigen sich, wer von ihnen zuerst das ,Steinmännchen' wird.

Das ,Steinmännchen' stellt sich aufrecht und breitet beide Arme aus. Das Partnerkind belegt beide Arme mit jeweils drei kleinen Steinen. Danach versucht das Steinmännchen, mit den Steinen ein paar Schritte zu gehen, ohne die Steine zu verlieren.

Der Schwierigkeitsgrad dieser Übung kann noch gesteigert werden, indem die Kinder kniend beginnen und mit den aufgelegten Steinen zuerst in den Stand kommen müssen, bevor sie die Schritte gehen.

Spielvariante für ältere Kinder: Wird diese Gleichgewichtsübung mit Kastanien gespielt, dann werden die Kinder zu balancierenden ,Kastanienmännchen'. Wegen der kugeligen Kastanienform ist das Balancieren deutlich schwieriger als mit flachen, schweren Steinen.

Kopfträgerparcours

Alter: ab 3 Jahren
Material: Sandsäckchen, Filzuntersetzer, Kissen, Stühle

Die Spielleitung verteilt Stühle kreuz und quer im Raum. Jedes Kind bekommt ein Sandsäckchen, einen Filzuntersetzer oder ein Kissen, das es auf den Kopf legt und versucht, damit durch den Raum zu gehen.

Die Kinder müssen darauf achten, in aufrechter Haltung zu gehen. Gleichzeitig achten sie auf die Stühle, die beim Gehen umschifft werden müssen und auf die anderen Kinder, damit sie nicht zusammenstoßen.

Spielvariante: Es können auch gleichzeitig auf dem Kopf und den Armen Gegenstände balanciert werden.

Schildkrötenrennen

Alter: ab 3 Jahren
Material: Sandsäckchen, Kissen, 2 Stühle

Die Kinder bilden zwei Mannschaften, die im Schildkrötenrennen gegeneinander antreten. Beide Schildkrötenmannschaften stellen sich in einer Reihe auf. Jeweils das erste Schildkrötenkind geht auf alle viere und bekommt ein Kissen oder ein Sandsäckchen auf den Rücken gelegt. In jeder Mannschaft wird ein Helferkind bestimmt. Auf ein Startkommando krabbeln die ersten beiden Schildkröten los, bis zum Stuhl und wieder zurück. Dann ist das nächste Kind an der Reihe und bekommt das Kissen auf den Rücken gelegt. Wichtig ist, dass die Kinder langsam krabbeln, damit sie ihren Panzer nicht verlieren. Sollte das Kissen herunterfallen, darf das Helferkind der eigenen Mannschaft helfen und das Kissen wieder auf den Rücken legen.

39

Affentanz

Alter: ab 5 Jahren
Material: CD-Spieler, Tanzmusik

Die Kinder bilden Paare und nehmen sich an einer Hand. Sobald die Musik einsetzt, bewegen sie sich zusammen wie wilde Affen. Sobald die Musik aussetzt, erstarren die wilden Affen und müssen versuchen, in der erstarrten Bewegung im Gleichgewicht zu bleiben, ohne umzufallen. Sie halten sich dabei gegenseitig fest. Setzt die Musik wieder ein, geht der wilde Affentanz weiter.
Spielvariante: Die Affenkinder, die in der Musikpause umfallen, scheiden aus und müssen sich auf den Boden setzen. Das Paar, das übrig geblieben ist, ohne umzufallen, ist das Affenkönigspaar.

Schlittschuhlauf

Alter: ab 5 Jahren
Material: CD-Spieler, Tanzmusik, Staubtücher

Jedes Kind bekommt zwei Staubtücher, die es unter die Schuhe legt. Es versucht nun, sich auf einer glatten Bodenfläche zur Musik vorwärts zu bewegen, so als wäre der Boden eine Eisfläche.
Die Kinder probieren langgezogene Schritte vorwärts, ein paar Schritte rückwärts und kleine Drehungen. Sie können auch paarweise kleine Kunststücke ausprobieren – sich ziehen oder drehen lassen usw.

Auf der Schaukel ist was los

Affenschaukel
Gleichgewichtsübung

Alter: ab 4 Jahren
Material: Schaukel, Softball, Schaumstoffwürfel

Die Kinder sitzen auf einer Schaukel und stellen sich vor, sie sind kleine Affen, die in den Bäumen von Ast zu Ast schaukeln und wilde Schaukelspiele spielen. Entweder bekommt jedes Kind beim Schaukeln einen Softball zugeworfen, den es mit einem Fuß zu treffen und weit wegzuschießen versucht. Oder es wird ein kleiner Schaumstoffwürfelturm vor der Schaukel aufgebaut, den es umstoßen muss, während es schaukelt.

Klingender Traum-Schaukelstuhl
Entspannungsübung

Alter: ab 2 Jahren
Material: Schaukelstuhl, Glöckchen, Nussschalenband, Löffelkette, Rasseldose, bunte Federn und Bänder, bunte Ketten, Kuscheldecke

Die Kinder schmücken einen Schaukelstuhl mit dekorativen, klingenden Gegenständen, bis sich der Schaukelstuhl in einen wahren Traum-Schaukelstuhl verwandelt hat. Abwechselnd dürfen die Kinder zum Entspannen, eingehüllt in eine Kuscheldecke, im Schaukelstuhl liegen, schaukeln und träumen.

Schaukelbilder malen

Alter: ab 5 Jahren
Material: Schaukel, Tapetenbahn, Pinsel oder Joghurtbecher, Farben

Die Spielleitung breitet unter der Schaukel eine lange Tapetenbahn aus. Zwischen die nackten Zehen bekommt jedes Kind auf der Schaukel einen Pinsel mit seiner Lieblingsfarbe geklemmt. Bei leichten Schaukelbewegungen versuchen die Kinder mit dem Farbpinsel zwischen den Zehen über das Papier zu streichen.
Wichtig: Die Schaukel sollte so tief aufgehängt werden, dass die Kinder mühelos den Boden berühren können!
Schaukelvariante: Die Kinder legen sich mit dem Bauch auf die Schaukel und halten in einer Hand einen Joghurtbecher mit einem kleinen Loch, in den die Spielleitung vor dem Schaukeln ein wenig Farbe füllt. Während des Schaukelns tropft die Farbe durch das Loch aufs Papier. Es entstehen lustige Schaukelmuster.

41

Deckenschaukel

Alter: ab 1 Jahr
Material: Decke, Kuscheltier

Zwei Erwachsene schaukeln die Kinder nacheinander in einer Decke hin und her. Es sollte bei Unbehagen zunächst nur sehr langsam und kurz geschaukelt werden. Manche Kinder können von der Deckenschaukel nicht genug bekommen. Die Kinder können auch ein Kuscheltier in der Deckenschaukel schaukeln lassen.
Spielvariante für ältere Kinder: Das Kuscheltier wird in der Decke geschaukelt und irgendwann in die Luft geworfen. Die Kinder ringsum versuchen das Kuscheltier aus der Luft zu fangen. Oder das Kuscheltier wird von einer Deckenschaukel in die Luft geworfen und von einer anderen Deckenschaukel aufgefangen.

Spiellied: Winde wehn, Schiffe gehn

Text: Annemarie Stollenwerk, Melodie: volkstümlich

2. Auf und ab, hin und her, Wellen groß und klein.
Ein frischer Wind tanzt fröhlich um mein Schiff, bläst in die Segel rein.

Schiffspiel   Gleichgewichtsübung

Alter: ab 2 Jahren
Material: Hängematte, Decke, Luftmatratze

Leichte Schaukelbewegungen und sanftes Wiegen sind geeignet, um Kinder zu beruhigen und ihren Gleichgewichtssinn anzuregen.
Während die Kinder das Lied singen, werden sie entweder von zwei Erwachsenen sanft in einer Decke hin und her geschaukelt oder sie träumen und singen in einer schwingenden Hängematte.
Spielvariante: Die Spielleitung bläst eine große Luftmatratze auf und die Kinder spielen Schiffspiele auf der wackelnden Matratze. Vorher basteln die Kinder Fernrohre aus Küchenrollen, die sie mit bunten Papierschnipseln bekleben und die auf dem Luftmatratzenschiff zur Fantasieanregung gut geeignet sind.

Schiff im Sturm

Alter: ab 4 Jahren

Die Kinder versuchen, während die Spielleitung das Bewegungsgedicht spricht, auf einem Bein zu stehen. Sie halten beide Arme und Hände zur Balance in der Waagerechten und können die Arme dabei auf und ab bewegen. Ein Kind spielt den Wind und den Sturm. Es läuft umher und versucht die Kinder durch Anpusten aus der Balance zu bringen. Am Ende des Gedichts lassen sich alle Kinder auf den Boden fallen.
Spielvariante: Jüngere Kinder stellen sich nicht auf ein Bein, sondern auf die Zehenspitzen, um das wackelnde Schiffchen darzustellen.

43

Das Schiffchen

Fährt ein Schiffchen übers Meer,
schaukelt hin und schaukelt her.
Kommt ein frischer Wind,
saust um das Schiff geschwind.

Kommt ein großer Sturm,
rüttelt an Tür und Turm!
Bim, bam, bum,
fällt das Schiffchen um!

Regina Bestle-Körfer

Milchkarton-Segelschiff

Kreativangebot

Alter: ab 4 Jahren
Material: leere, saubere Milchkartons, Farbe, Pinsel, Holzstäbe, Papier, Schere, Holzleim, Küchenpapierpapprolle, Wolle

Jedes Kind malt seinen Milchkarton mit deckender Farbe an. Während die Farbe trocknet, schneiden die Kinder eine Dreieckform als Segel aus weißem oder farbigem Papier und kleben es an den Holzstab. Die Spielleitung bohrt die Holzstäbe mit dem Segel in den Milchkarton und klebt sie fest. Zum Schluss wird ein langer Wollfaden an der Milchtüte befestigt, dessen freies Ende an die Küchenpapierpapprolle geknotet und der lange Faden darum gewickelt.

44

Wickelwettspiel

Geschicklichkeitsübung

Alter: ab 4 Jahren
Material: gebasteltes Milchkarton-Segelschiff, großes blaues Tuch

Alle selbst gebastelten Milchkarton-Segelschiffe gehen nun zu einem Wickelwettspiel auf große Fahrt. Dafür stellt die Spielleitung alle Milchtütenschiffe in ein paar Metern Entfernung zu den Kindern auf ein großes blaues Tuch, das das Meer darstellt. Auf ein Startkommando beginnen die Kinder ihre Segelschiffe aufzuwickeln. Welches Schiff kommt mit aufgerichtetem Segel ans Ziel, ohne ins Wasser zu stürzen?

Spiellied: Machet auf das Tor

Text und Melodie: volkstümlich

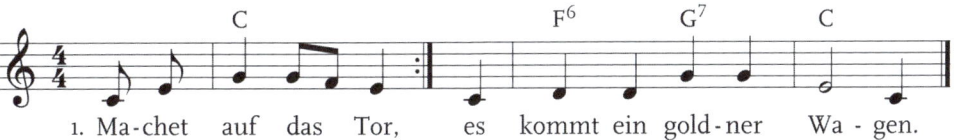

1. Ma-chet auf das Tor, es kommt ein gold-ner Wa - gen.

2. Wer sitzt darin, wer sitzt darin?
   Ein Mann mit goldnen Haaren.
3. Was will er denn, was will er denn?
   Er will Charlotte holen.
4. Was tat sie denn, was tat sie denn?
   Charlotte hat gestohlen.
5. Was war es denn, was war es denn?
   Dem Kaiser seine Krone.

45

Engelschaukel

Spiellied

Alter: ab 4 Jahren

Zwei Kinder einigen sich vor Spielbeginn, wer von ihnen im weiteren Spielverlauf ein Engel und wer ein Teufel ist. Engel und Teufel wählen beide eine Farbe aus, die sie sich gegenseitig zuflüstern. Dann stellen sich Engel und Teufel einander gegenüber auf und bilden mit den Händen ein Tor. Das Spiellied beginnt: Die Kinder gehen, während alle zusammen das Lied singen, hintereinander durch das Tor. In der letzten Strophe, beim Wort ‚Krone', wird das Tor geschlossen und das Kind, das sich gerade unter dem Tor befindet, wird gefangen genommen. Ihm werden die beiden Farben zugeflüstert und es muss sich für eine Farbe entscheiden – es wird entweder Engel oder Teufel zuge-ordnet und stellt sich dahinter. Das Spiellied wird so lange wiederholt, bis alle Kinder zugeordnet sind.

Zum Schluss wird bekannt gegeben, wer zu den Engeln und wer zu den Teufeln gehört. Die Engelkinder werden in den Himmel geschaukelt, indem sie sich auf die Engelschaukel setzen – Engel und Teufel fassen sich an den Händen mit verschränkten Armen und das Kind setzt sich zum Schaukeln darauf. Dazu sprechen alle: *Die Engel-chen werden geschaukelt, geschaukelt, in den Himmel hinein.* Die Teufelchen werden nur gerüttelt. Dazu stellen sie sich zwischen Teufel- und Engelkind und werden zwischen deren Armen hin und her gerüttelt. Dazu sprechen alle: *Die Teufelchen werden gerüttelt, geschüttelt, in die Hölle hinein.*

Hula—Hoop und rundherum – Drehabenteuer erleben

Spiellied: Ein buntes Karussell

Text und Melodie: Annemarie Stollenwerk

1. Seit heut' steht auf dem Kir-mes-platz ein bun-tes Ka-rus - sell.

Am Mor-gen stand es noch ganz still, doch jetzt dreht es sich schnell.

Refrain: Komm, steig mit ein, komm, fahr doch mit, es ist ganz wun-der - schön,

wenn du und ich, wenn du und ich, wenn wir im Kreis uns drehn.

2. Es gibt dort Pferde ganz aus Holz,
   die mag ich wirklich sehr,
   doch auch den Tiger und den Schwan,
   das Nilpferd und den Bär.
   Refrain: Komm, steig' mit ein …

3. Die Glocke an der Feuerwehr,
   das Segelboot im Meer,
   Motorrad und die Eisenbahn,
   ich möcht' noch immer mehr!
   Refrain: Komm, steig' mit ein …

4. Wir fahr'n und dreh'n uns rundherum,
   woll'n nicht nach Hause geh'n,
   doch leider, leider, leider bleibt
   das Karussell mal steh'n.
   Refrain: Komm, steig' mit ein …

Ein buntes Karussell Spiellied

Alter: ab 3 Jahren

Alle Kinder fassen sich an den Händen, und während sie sich miteinander im Kreis drehen, wird gemeinsam das Karussellied gesungen.

Karussellspiel Gleichgewichtsübung

Alter: ab 5 Jahren
Material: für die Variante Hula-Hoop-Reifen

Immer zwei Kinder fassen sich mit überkreuzten Armen an den Händen und stellen ihre Füße nahe beieinander. Vertrauensvoll lehnen beide ihren Oberkörper leicht nach hinten, halten sich gegenseitig gut fest und beginnen eine Drehbewegung. Beim Ausdrehen halten sich die Kinder fest, damit sie nicht umfallen, bis der Drehschwindel im Kopf wieder nachgelassen hat.
Spielvariante: Die Spielleitung spielt Karusselldrehen mit den Kindern gemeinsam mit Hilfe eines Hula-Hoop-Reifens, an dem sich alle festhalten und langsam im Kreis drehen.

Eingerollt-Ausgerollt Gleichgewichtsübung

Alter: ab 3 Jahren
Material: Decke oder Betttuch

Ein Kind legt sich auf die Decke und wird von den anderen Kindern vorsichtig in die Decke eingerollt, wie eine Mumie. Das eingerollte Kind darf bestimmen, wann und wie es wieder ausgerollt werden soll: langsam oder etwas schneller. Die Spielleitung achtet darauf, dass das eingerollte Kind sich wohlfühlt und die anderen Kinder es vorsichtig ein- und ausrollen.

Popokarussell

Alter: ab 5 Jahren
Material: frische Bodenwischtücher, Bänder oder kleine Handtücher

Immer zwei Kinder spielen das Popokarussell auf einem glatten Boden. Ein Kind setzt sich mit dem Popo auf das Wischtuch und hebt die Füße an. Es hält ein Band oder kleines Handtuch in der Hand und wird von seinem Partnerkind an dem Tuch oder Band über den Boden gezogen und im Kreis gedreht.
Tipp: Auf neuen ungewaschenen Wischtüchern lässt es sich besonders gut rutschen.

48

Auf dem Karussell

Langsam, langsam fängt es an,
immer schneller dreht es dann.
Lustig, lustig, sauseschnell
auf dem Kirmeskarussell.
Bis es sich dann langsam dreht
und nun wieder stille steht.

Regina Bestle-Körfer

Papierkarussell-Klangmobile

Alter: ab 4 Jahren
Material: weißer Karton, farbiges Tonpapier, weißes Papier, Buntstifte, Schere, Glöckchen, Bindfäden, Nadel

Die Spielleitung schneidet aus weißem Karton einen waagerechten Streifen, den die Kinder dann bunt bemalen oder mit ausgeschnittenen Luftballons, Herzen usw. aus farbigem Tonpapier bekleben.
Jedes Kind malt sein Lieblingskarussellgerät (Pferd, Auto, Feuerwehr, Biene usw.) auf Papier und schneidet es aus. Die Spielleitung befestigt mit Hilfe von Nadel und Bindfaden an alle Teile ein kleines Glöckchen und hängt es von unten an den beklebten Tonkarton. Im Gruppenraum aufgehängt, lässt sich das gebastelte Papierkarussell durch Pusten oder durch einen Luftzug in Bewegung setzen.

Spiellied: Wie das Fähnchen auf dem Turme

Text und Melodie: volkstümlich

Wie das Fähn-chen auf dem Tur-me sich kann drehn bei
Wind und Stur-me, so soll sich mein Händ-chen drehn,
dass es ei - ne Lust ist an - zu - sehn.

Wie das Fähnchen

Spiellied

Alter: ab o Jahren

Die Spielleitung singt das Lied vor und die kleinen Kinder drehen ihre beiden Hände dazu.

Spielvariante: Die größeren Kinder drehen sich während das Lied gesungen wird um die eigene Achse. Um besser im Gleichgewicht zu bleiben, können die Kinder beim Drehen die Arme ausbreiten.

> **Wichtiger Hinweis:** Bei allen Drehbewegungen kann leichter Schwindel auftreten, der nur langsam wieder nachlässt. Die Spielleitung achtet darauf, dass die Kinder sich nach dem Drehen auf den Boden setzen, bis der Drehschwindel nachlässt, um sich nicht zu verletzen.

Kreiseldrehen

Alter: ab 5 Jahren

Ein Kreisel bleibt, solange er sich dreht, im Gleichgewicht. Wird die Drehbewegung zu langsam, fällt er um: die Kinder probieren das Kreiseldrehen im Sitzen auf einem glatten Boden aus. Es macht Spaß, sich auf dem Boden mit angehobenen Beinen, wie ein Kreisel um sich selbst zu drehen: Mit den Armen am Boden abstützen und Schwung nehmen, dann die Arme hochheben und sich ausdrehen lassen.

50

Kreisel basteln

Alter: ab 5 Jahren
Material: Bleistift, bunte Pappkreise, Glitzerpapier, Holzleim, Schere, Stifte, Spitzer

Die Kinder bekleben bunte Pappkreise mit kleinen ausgeschnittenen Glitzerpapierschnipseln. Die Spielleitung bohrt ein Loch in die Mitte der Pappscheibe, steckt einen angespitzten Bleistift hindurch und klebt ihn mit dem Holzleim an der Pappscheibe fest. Ist der Holzleim trocken, lassen die Kinder ihre Kreisel über ausgelegte Papierbahnen kreiseln.

3. Der Körper- und Bewegungssinn (Kinästhetischer Sinn)

Ohne einen gut ausgebildeten Bewegungssinn würden Menschen nicht gehen, laufen, springen, hüpfen lernen. Der Körper- und Bewegungssinn bezieht seine Sinnesreize und Sinnesinformationen aus den im Körperinneren liegenden Muskeln, Sehnen und Gelenken und wird daher auch als ‚*Tiefensensibilität*‘ bezeichnet, während der Tastsinn für die ‚*Oberflächensensibilität*‘ der Haut steht. Eine gut entwickelte *Eigenwahrnehmung* trägt entscheidend zum Körperbewusstsein bei. Sie hilft dabei, sich im Dunkeln, ohne Kontrolle durch das Sehen, sicher zu bewegen und auch mit geschlossenen Augen zu wissen, wo sich die Nase, die Ohren, die Füße am eigenen Körper befinden. Der Körpersinn arbeitet meist unbewusst und durch viel Bewegung werden Bewegungsmuster nach und nach automatisiert, so dass das Gehen und Laufen funktioniert, ohne den Verstand zu bemühen. Die Sinneszellen von Muskeln, Sehnen und Gelenken arbeiten eng vernetzt miteinander und helfen dem Körper dabei, die Bewegungen von Armen und Beinen zu koordinieren und ihre Lage im Raum wahrzunehmen. Sie steuern den Grad der Körperspannung, den Krafteinsatz und die Kraftdosierung.

52

Einen selbst-sicheren Bewegungssinn müssen Kinder in den ersten Lebensjahren im Zusammenspiel mit allen anderen Sinnen regelmäßig trainieren und verfeinern. Erst nach etwa 20.000 durchgeführten Bewegungen wird das Gehirn in die Lage versetzt, eine Bewegung als automatisiert abzuspeichern und im Alltag immer schneller und sicherer einzusetzen.

Der kinästhetische Sinn wird durch jede Form der Eigenbewegung aktiviert und arbeitet nie isoliert, sondern immer in einem engen Wechselspiel mit dem Gleichgewichtssinn beim Gehen, Laufen, Klettern, Balancieren, Rückwärtsgehen, Schaukeln usw. Je häufiger ein Kind seinen kinästhetischen Sinn aktiviert, umso komplexer entwickeln sich seine grobmotorische Beweglichkeit und seine motorische Geschicklichkeit, die seine feinmotorische Entwicklung vorbereiten (z.B. um Schnürsenkel zu binden und einen Stift zu halten).

Der kinästhetische Sinn ist, neben dem Tast- und Gleichgewichtssinn, bereits im Mutterleib (ca. 3. Schwangerschaftsmonat) in Funktion, wenn der Fötus im Fruchtwasser schwimmend bereits Muskeln und Gelenke nutzt. Nach der Geburt aktiviert der enge Körperkontakt mit der Mutter den Tastsinn und den kinästhetischen Sinn des Kindes gleichzeitig. Nach und nach trainiert das Baby mit den eigenen Nackenmuskeln den Kopf zu halten, um die Umwelt besser wahrzunehmen, die ihm alle Entwicklungsanreize bietet, um seine Sinnessysteme zu trainieren und die Nervenbahnen seines Gehirns miteinander zu vernetzen.

Eine gute Entwicklung des Sehsinns und die zeitgleich immer bessere Koordination von Händen und Armen ermöglicht das gezielte Greifen von Gegenständen. Die Auge-Hand-Koordination üben Kinder beim Turmbau mit Klötzen, beim Malen und Basteln mit Schere und Papier. Das Schreibenlernen in der Schule braucht eine gute kinästhetische und allumfassende sinnliche Vorbereitung, um auf automatisierte Erfahrungen mit Augen und Händen zurückgreifen zu können.

In meinem Körper bin ich zu Hause – Körperübungen

Mein Körper

Alter: ab 2 Jahren

Die Kinder lernen die Vielfalt der Bewegungsmöglichkeiten ihres Körpers kennen. Die Spielleitung fragt die Kinder welchen Körperteil sie einzeln bewegen können: Die Hände schütteln, die Finger schnipsen, die Füße stampfen, die Zehen wackeln, den Mund verziehen, die Nase rümpfen, mit den Ohren wackeln, die Zunge rollen, mit dem Popo wackeln, die Hüften kreisen, die Schultern kreisen usw. Immer ein Kind macht eine Körperbewegung vor und die anderen Kinder machen es nach.

54

Magnetisch

Bewegungsübung

Alter: ab 3 Jahren
Material: Musik zum Bewegen

Die Kinder bewegen sich zu einer Musik frei durch den Raum. Immer wenn die Spielleitung die Musik stoppt und laut ruft: *„Magnetische Hände"*, haben die Kinder die Aufgabe, so schnell wie möglich mit einem Partnerkind ihre Hände zusammenzubringen, als wären sie magnetisch.
Wenn die Musik erneut einsetzt, lösen sich die Kinder wieder voneinander und warten auf die nächste Ansage, z. B. *„Magnetischer Rücken"*, *„Magnetische Daumen"*, *„Magnetische Ellenbogen"*, *„Magnetische Knie"*, *„Magnetische dicke Zehen"* usw.

Tierkette

Bewegungsübung

Alter: ab 3 Jahren

Die Kinder stehen im Kreis. Die Spielleitung macht eine Tierbewegung vor, z .B. einen Froschhüpfer. Das nächste Kind wiederholt den Froschhüpfer und denkt sich ein eigenes Tier aus, z. B. einen Elefant mit einem Rüssel. Das nächste Kind ahmt die beiden Bewegungen nach und fügt ein neues Tier hinzu. Es entsteht eine lange Tierkette, die eine große Bewegungsvielfalt bietet.
Die Kinder helfen sich gegenseitig, damit die Tierkette immer länger wird.

Spiellied: Meine Hände sind verschwunden

Text und Melodie: volkstümlich

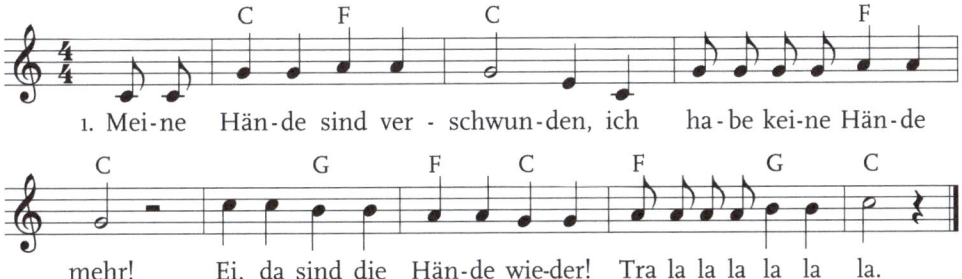

1. Mei-ne Hän-de sind ver-schwun-den, ich ha-be kei-ne Hän-de mehr! Ei, da sind die Hän-de wie-der! Tra la la la la la la.

2. Meine Nase ist verschwunden, …
3. Meine Augen sind verschwunden, …
4. Meine Ohren sind verschwunden, …
5. Meine Finger sind verschwunden, …
6. Mein Mund, der ist verschwunden, …

55

Spielanleitung

Alter: ab 1 Jahr

Während das Lied gesungen wird, verschwinden die Hände hinter dem Rücken, die Augen hinter den Händen, ebenso Nase, Ohren, Mund, und die Finger verschwinden in den Fäusten. Bei *„Ei, da sind die Hände wieder"* werden die Hände gezeigt usw. und bei *Tralala* wird jeweils in jeder Strophe in die Hände geklatscht.

Spielvariante: Dass Lied eignet sich auch als Versteckspiel. Ein Kind versteckt sich unter einer Decke und anstelle der Körperteile wird der Name des Kindes unter der Decke gesungen. Bei *„Ei, da ist …"* wirft das versteckte Kind die Decke weg.

Im Museum

Alter: ab 5 Jahren

Ein Kind spielt den Bildhauer, der viele Statuen erschafft, so wie es ihm gerade in den Sinn kommt. Immer drei Kinder stehen nebeneinander, und der Bildhauer darf sie hinstellen, wie er es mag. Er hebt z. B. die Arme eines Kindes senkrecht in die Luft oder in waagerechte Position, er lässt die anderen Kinder sitzen oder knien, kümmert sich um die Position der Hände oder einzelner Finger usw. Zwischendurch betrachtet er sein Gesamtkunstwerk, indem er drei Schritte zurücktritt. Wenn ihm sein Werk gefällt, sagt er: „Fertig!" Die übrigen Kinder sind die Museumsbesucher. Sie klatschen Beifall. Dann spielt das nächste Kind den Bildhauer.
Spielvariante: Der Bildhauer geht kurz vor die Tür, nachdem er die Kinderstatuen aufgestellt hat. Ein Kind wird von der Spielleitung bestimmt, es darf seine Position verändern, so wie es mag. Der Bildhauer wird hereingerufen und rät, welches Kind anders steht als vorher.

56

Der Clown Pippo

Alter: ab 5 Jahren
Material: rote Clownsnase, Triangel

Ein Kind spielt den Clown Pippo, setzt die rote Nase auf und macht lustige Bewegungen: z. B. riesengroße Schritte gehen, im Kreis drehen, auf einem Bein hüpfen, Hampelmann springen usw. Die anderen Kinder machen nach, was Pippo vormacht. Lässt die Spielleitung die Triangel klingen, nimmt Pippo die rote Nase ab und überreicht sie einem anderen Kind.
Spielvariante: Die Kinder können Pippo nicht sehen, denn er steht hinter einem Vorhang. Pippo beschreibt mit Worten, wie er steht – z. B. den rechten Arm hochheben, die linke Hand an die linke Hüfte fassen, auf die Zehenspitzen stellen. Die Kinder versuchen, ohne Pippo zu sehen, die beschriebene Position einzunehmen. Der Vorhang öffnet sich und Pippo schaut, wer genauso da steht wie er.

Handwaage

Alter: ab 5 Jahren
Material: verschieden schwere oder leichte Gegenstände z.B. Feder, Watte, Ball, Baustein, Buch, Stifte usw., evtl. Küchenwaage

Ein Kind spielt die Waage. Es steht mit ausgestreckten Armen und Händen, schließt die Augen und wartet darauf, dass es zwei verschieden schwere Gegenstände auf beide Hände gelegt bekommt.
Nun wird gefühlt, welche Hand schwerer wird und welche Hand ein leichteres Gewicht hält. Die schwere Hand sinkt leicht nach unten. Unterscheiden sich die Gewichte beider Gegenstände nur leicht voneinander, kann das genaue Gewicht auch mit einer Waage nachgewogen werden.

Zielscheibe

Alter: ab 5 Jahren
Material: Papierbogen, Stifte, Tuch

Die Spielleitung malt auf einen Bogen Papier eine Zielscheibe mit drei Kreisen und befestigt sie an einer Tür in Augenhöhe der Kinder.
Die Kinder stellen sich in ca. zwei Meter Entfernung von der Zielscheibe in einer Reihe auf. Das erste Kind bekommt die Augen verbunden und geht langsam, mit ausgestrecktem Arm und Zeigefinger (der den Pfeil darstellt) Schritt für Schritt die zwei Meter vorwärts, bis es mit dem ausgestreckten Finger an der Zielscheibe anstößt.
Wer den innersten Kreis genau trifft, erhält 10 Punkte, für den mittleren Kreis gibt es 5 Punkte und für den Außenkreis 2 Punkte. Jeder hat drei Versuche, die Zielscheibe blind zu treffen.

Zielscheibe Nasenspitze

Alter: ab 4 Jahren

Die Kinder stehen mit waagerecht ausgebreiteten Armen und schließen die Augen. Sie strecken die Zeigefinger der rechten und linken Hand aus und versuchen nun abwechselnd, mal mit dem rechten Zeigefinger, danach mit dem linken Zeigefinger, ihre Nasenspitze zu treffen.
Diese Körperübung ist ein gutes Training der kinästhetischen Wahrnehmung und verbessert die Konzentrationsfähigkeit.

Zahlentwist

Alter: ab 5 Jahren
Material: Bettlaken, Stoffmalstifte in verschiedenen Farben

Die Spielleitung bemalt das Bettlaken mit mindestens 24 gleichmäßig großen Kreisen, die nah beieinander liegen, und schreibt Zahlen von 1 bis 6 in die Kreise hinein. Jede Zahl ist mindestens vier Mal vorhanden.

Die Kinder stellen sich um das bemalte Betttuch in zwei Gruppen einander gegenüber auf. Die eine ist die Handgruppe, die andere ist die Fußgruppe. Ein Kind betritt das Spielfeld (ohne Schuhe!) und hört auf die Kommandos der Hand- und Fußgruppe. Zuerst nennt die *Fußgruppe* eine Zahl zwischen 1 und 6, und das Kind in der Mitte versucht mit beiden Füßen auf die gleiche Zahl zu treten. Im Anschluss nennt die *Handgruppe* eine Zahl zwischen 1 und 6 und das Kind probiert eine Körperhaltung aus, in der es beide Hände auf die angesagten Kreise setzt, jedoch ohne die eingenommene Fußposition zu verändern. Ist die Endposition im Zahlentwist geschafft, gibt es Beifall von allen. Wer traut sich als Nächster in den Zahlentwist?

Spielvariante: Es befinden sich immer zwei oder mehr Kinder gleichzeitig im Zahlentwist. Sie können auch mit zwei Händen oder zwei Füßen gleichzeitig einen Kreis besetzen. Berührung, Körperkontakt und das Erlernen eines spielerisch vorsichtigen Umgangs miteinander ist erwünscht in dieser Spielvariante!

Mutter, mach den Knoten auf

Alter: ab 5 Jahren

Die Kinder stehen im Kreis und fassen sich an den Händen, bis auf ein Kind, das kurz vor die Türe geht, es spielt die Mutter.

In der Zwischenzeit hilft die Spielleitung den Kindern sich zu „verknoten", ohne dass die Kinder ihre Hände voneinander lösen: Ein Kind krabbelt z. B. unter den Armen von zwei Kindern hindurch und steht nun verdreht mit dem Rücken zu den anderen Kindern.

Alle Kinder rufen nun laut: *„Mutter, mach' den Knoten auf!"* Das Kind kommt herein und versucht, den Knoten zu lösen. Es führt die Kinder und zeigt, wie sie sich bewegen sollen, um wieder in der Ausgangsposition im Kreis zu stehen, wie zu Beginn des Spiels.

Klatschspiel

Alter: ab 4 Jahren

Die Kinder sitzen oder stehen sich paarweise gegenüber. Sie sprechen den folgenden Klatschspielvers, und klatschen im Takt einmal in die eigenen Hände, dann überkreuz mit der rechten zur linken Hand des Partnerkindes und mit der linken zur rechten Hand des Partnerkindes. Bei Wortwiederholungen werden beide gegenüberliegenden Hände direkt aneinander geklatscht:

Die Lieselott war krank, krank, krank.
Da sprang sie in den Schrank, Schrank, Schrank.
Da kam der Doktor Meck, Meck, Meck,
und kriegte einen Schreck, Schreck, Schreck.
Der Doktor suchte überall,
sogar im Hü-Hü-Hühnerstall.
Das Suchen hatte keinen Zweck,
die Lieselott war weg, weg, weg.
Da hüpfte aus dem Schrank hinaus,
die kleine flinke Maus, Maus, Maus.
Die Lieselott, die war so nett,
und hüpfte schnell ins Bett, Bett, Bett.
Da kam der Doktor Meck, Meck, Meck,
und kriegte einen Schreck, Schreck, Schreck.
Im Koffer mit der Medizin,
da waren lauter Bonbons drin!

Regina Bestle-Körfer

59

Überkreuzbewegungen über die Körpermitte mit beiden Händen trainieren die Zusammenarbeit beider Gehirnhälften. Das rhythmische Klatschen und Sprechen fördert die Konzentration und einen guten Atemrhythmus.

Immer in Bewegung –
vom Laufen, Hüpfen, Springen

Zauberblume

Alter: ab 5 Jahren
Material: Blume

Ein Kind spielt den Zauberer mit der Zauberblume in der Hand. Die anderen Kinder haben sich verirrt und sind im Zauberwald gefangen. Sie laufen wie der Zauberer in einem vorher festgelegten Spielfeld kreuz und quer umher. Werden sie von der Zauberblume des Zauberers berührt, gehen sie augenblicklich in die Hocke. Das Spiel ist zu Ende, wenn alle Kinder verzaubert wurden und auf der Erde hocken.

60

Der Wolf

Bewegungsübung

Alter: ab 5 Jahren

Die Kinder stehen im Kreis, die Spielleitung flüstert jedem Kind ein Wort ins Ohr: entweder *Schaf* oder *Wolf*. Der Rolle des Wolfs wird aber nur einmal vergeben – er wird der Fänger sein, der versucht, sich ein Schaf zu schnappen.
Vorher erzählt die Spielleitung eine kurze Geschichte, die alle bis zum Ende anhören, und beim letzten Wort der Geschichte, dem Wort ‚*schnappen*', laufen alle Schafe weg, um sich vor dem Wolf in Sicherheit zu bringen. Der Wolf versucht, ein Schafkind zu fangen.

Maxi und die Schafe

„Es war einmal eine Schafherde, die lebte zusammen mit ihrem Schäfer und dem Schäferhund Maxi draußen auf der Weide. Die Schafe grasten tagaus, tagein und fühlten sich in ihrer Herde so richtig wohl. Der Schäferhund Maxi hatte einige Arbeit damit, die Schafe, die sich manchmal von der Herde entfernten, zurückzutreiben. Doch eines Tages war Maxi kurz eingeschlafen und ein Wolf lauerte im Gebüsch. Leise, ganz leise schlich er sich näher und versuchte sich ein Schaf zu schnappen!"

Spiellied: Das wilde Tier

Text und Melodie: volkstümlich

Wir woll'n ein - mal spa - zie - ren geh'n in
Wenn nur das wil - de Tier nicht käm', wir

ei - nem schö - nen Gar - ten. Um eins kommt's nicht, um
woll'n nicht lan - ge war - ten. zwei kommt's nicht,
... zehn kommt's nicht,

elf, da pocht's, um zwölf, da kommt's.

Das wilde Tier

Bewegungsübung

Alter: ab 4 Jahren
Material: Bettlaken, Leine

Dieses Spiel ist besonders gut für draußen geeignet. Die Spielleitung hängt ein Bettlaken zwischen zwei Bäumen auf. Dahinter versteckt sich ein Kind als wildes Tier. Die anderen Kinder bilden eine Kette, tanzen vor dem Tuch auf und ab und singen dabei das Lied. Bei *„um zwölf, da kommt's"* springt das ‚wilde Tier' aus seinem Versteck heraus und versucht eines der Kinder zu fangen. Das gefangene Kind wird dann zum neuen wilden Tier.

Spielvariante: Das wilde Tier kann das gefangene Kind mit in sein Versteck hinter das Laken nehmen und beide gehen gemeinsam auf Jagd nach den nächsten beiden Kindern.

Geschichte vom Rückwärtsgehen

Immer wenn Paul im Kinderzimmer spielt, hört er eine Stimme von ganz weit weg: „Zieh deine Schuhe und deine Jacke an, komm, beeil dich, wir haben keine Zeit!" Alle sagen: „Paul ist sehr langsam, ein kleiner Trödler." Mama nennt Paul zärtlich: „Meine kleine Schnecke." Denn immer, wenn Paul gerade aufstehen will, um wirklich seine Schuhe und seine Jacke anzuziehen, muss Paul dem Teddy noch dringend einen Verband um die verletzte Pfote wickeln, oder einen Ball ins Tor schießen ...

Auch heute Morgen ist es wieder das Gleiche. Paul sitzt auf seinem Spielteppich und befreit die Playmobilmännchen aus der Piratenburg, da hört er von weit weg: „Paul, komm endlich, wir müssen uns beeilen!" Und schon tauchen Mamas ungeduldige Hände auf, heben Paul entschlossen vom Boden auf, streifen ihm Schuhe und Jacke über und schieben Paul aus dem Haus hinaus!

In der Stadt, mitten im Gedränge, trödelt Paul und denkt an seine Playmobilmännchen, die noch in der Piratenburg gefangen sind. Er wird immer langsamer, dann trottet er auf einmal ein paar Schritte rückwärts, dorthin, wo er schon einmal war. „Rückwärts ist schööön langsam", singt Paul vor sich hin.

Mama hetzt immer weiter vorwärts. Doch es sind zu viele Menschen unterwegs, sie kommt nicht schneller voran. Mama hat noch nicht bemerkt, dass Paul rückwärts gegangen ist. Paul beginnt zu träumen und da sieht er plötzlich merkwürdige Dinge: Alle Menschen gehen rückwärts, die Straßenbahn fährt rückwärts, sogar der Hund läuft auf vier Pfoten rückwärts. Das sieht lustig aus, denkt Paul. Und Mama? Nur Mama eilt immer weiter vorwärts, sie versucht es wenigstens, weil Mama schnell zur Arbeit muss und Paul in die Kita.

Mama dreht sich beim Gehen kurz um und schaut, wo Paul bleibt. Dabei setzt sie einen Schritt nach vorn auf die Straße, und Paul ruft: „Mama schau, alle Autos fahren rückwärts!" Mama geht zwei Schritte rückwärts, um den kleinen Trödler an die Hand zu nehmen. Glück gehabt, denn genau in diesem Augenblick saust die Straßenbahn an ihnen vorbei. Mama hatte sie nicht gesehen. Mama und Paul schauen sich erschrocken an. Dann nimmt Mama Paul in die Arme, drückt ihn ganz fest und flüstert in sein Ohr: „Die kleine Schnecke ist mein größter Schatz!" „Mama, kannst du rückwärts über einen Stein springen? Schau, ich kann es!", ruft Paul, und schon hüpft er rückwärts über einen Stock und über einen Stein, sogar über die kleine Mauer balanciert er rückwärts, ohne zu stolpern. Mama ist begeistert von Pauls Rückwärtskunststücken. Seit diesem Tag gehen sie zusammen rückwärts, wann immer sie Spaß am Trödeln haben.

Regina Bestle-Körfer

Bewegungsparcours

Alter: ab 3 Jahren
Material: Pylonen, Kegel oder Flaschen, Bälle, Stöcke

Die Spielleitung baut einen Parcours aus Pylonen, Kegeln, Flaschen, Bällen und Stöcken auf. Die Kinder stellen sich in einer langen Reihe auf. Hintereinander in einer langen Schlange gehen sie nun im Slalom um die aufgebauten Hindernisse herum, über die Stöcke steigen sie einfach hinüber.
Im ersten Durchgang gehen alle einfach vorwärts, im zweiten Durchgang vorwärts auf Zehenspitzen, im dritten Durchgang gehen alle rückwärts – natürlich schön langsam. Die Spielleitung achtet darauf, dass die Kinder nicht drängeln und mit Bedacht rückwärtsgehen: mit kleinen Schritten gelingt das Rückwärtsgehen am sichersten.

Die Fähigkeit rückwärts zu gehen, setzt eine ausgereifte Körperwahrnehmung voraus und sollte regelmäßig geübt werden.
Spielvariante: Der Bewegungsparcours kann beliebig ausgebaut werden, z. B. mit kleinen Bänken, Leitern etc. und auch die Bewegungsarten können variieren: z.B. hüpfen auf einem Bein, beidbeinig hüpfen, krabbeln usw.

63

Seilgarten

Alter: ab 3 Jahren
Material: Seile

Verschieden dicke Seile auf dem Boden auslegen. Die Kinder balancieren mit nackten Füßen über die Seile – mal vorwärts und danach rückwärts. Jüngere Kinder gehen an der Hand der Spielleitung rückwärts.

Bei dieser Sinnes- und Bewegungsübung werden alle drei wichtigen Sinnesbereiche (Kinästhetik, Gleichgewicht und taktile Wahrnehmung) gleichermaßen angesprochen.

Hüpfkästchenspiel: Ein grünes Krokodil

Alter: ab 5 Jahren
Material: Straßenmalkreide

Die Spielleitung malt mit Straßenmalkreide ein Hüpfkästchen auf den Weg. Dazu werden insgesamt 6 Kästchen gemalt. Das erste Kästchen wird als Doppelkästchen blau gemalt für beide Beine, es ist der ‚blaue Nil‘ und stellt die Startposition dar. Danach werden die Kästchen 1–5 als einfache weiße Kästchen gemalt, in die die Kinder einbeinig hineinhüpfen. Das 6. Kästchen erhält die Form eines Krokodils und wird mit grüner Kreide gemalt. Auf das Krokodil springen die Kinder mit beiden Beinen, machen einen Drehsprung und hüpfen dann wieder auf einem Bein zurück zum blauen Startkästchen. Dazu sprechen sie folgenden Hüpfspruch:

Ein grünes Krokodil
hüpft zum blauen Nil.

64

Häschen, hüpf!

Alter: ab 4 Jahren
Material: Straßenmalkreide

Alle Kinder fassen sich an den Händen und bilden einen Kreis. Dann geht jeder einen großen Schritt zurück und malt mit Kreide einen Kreis um sich selbst. Das ist seine Hasenmulde. Ein Hase steht in der Mitte und besitzt keine eigene Mulde. Er lockt die Hasen aus ihren Mulden und ruft: *„Häschen, hüpf!"* Alle Hasen hüpfen aus ihren Mulden und versuchen einen frei gewordenen Kreis zu erwischen. Auch der Hase in der Mitte hüpft los und versucht in einen leeren Kreis zu springen. Das Kind ohne eigene Hasenmulde geht als nächstes in die Kreismitte.

Mühlradspringen

Alter: ab 5 Jahren
Material: Straßenmalkreide, einfaches Springseil ohne Griffe

Die Spielleitung malt auf den Boden mit Straßenmalkreide ein Mühlrad. Sie stellt sich mit dem Seil in die Mitte, und ein Kind steht im Mühlrad. Die Spielleitung beginnt sich langsam zu drehen und lässt dabei das Seil langsam über den Boden schwingen. Das Kind im Mühlrad versucht im richtigen Moment, wenn das Seil ankommt, zu springen, ohne das Seil zu berühren.

Hüpfkästchenspiel: Himmel und Hölle

Alter: ab 4 Jahren
Material: Straßenmalkreide, Steinchen

Die Spielleitung malt ein Hüpfkästchen auf den Boden. Das Himmelskästchen ist blau gemalt und die Kinder springen mit zwei Füßen hinein. Das Höllenkästchen wird rot gemalt und muss übersprungen werden. Die weißen Kästchen werden einbeinig gehüpft, die Linien dürfen nicht berührt werden.
Spielvariante für ältere Kinder: Die Kinder befördern ein Steinchen von Kästchen zu Kästchen, indem sie das Steinchen auf einem Bein erst vorwärts schieben und dann hinterher springen.

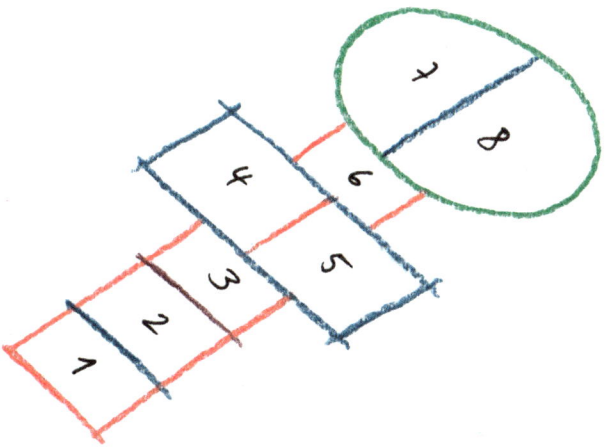

Regenmonsterjagd

Bewegungsübung

Alter: ab 2 Jahren
Material: Gummistiefel, Regenkleidung, Wasserpfützen

Dieses Spiel wird nach einem Regenguss gespielt. Die Kinder gehen auf Regenmonsterjagd: Sie springen in Pfützen, bis sie alle Regenmonster verjagt und alles Regenwasser verspritzt haben.

Das Regenmonster

Gehen wir heut auf Monsterjagd?
Ja, wir gehen auf Monsterjagd!
Hast du Gummistiefel angezogen?
Wir springen bis zum Regenbogen!

Gehen wir heut auf Monsterjagd?
Ja, wir gehen auf Monsterjagd!
Wir springen in die Regenpfütze,
da kocht das Monster rote Grütze.

Gehen wir heut auf Monsterjagd?
Ja, wir gehen auf Monsterjagd!
Eins und zwei und drei und vier,
wir hüpfen nun hinein zu dir!

Regina Bestle-Körfer

66

Pfützenspringen drinnen

Bewegungsübung

Alter: ab 5 Jahren
Material: farbige Pappkreise

Die Spielleitung verteilt verschiedenfarbige Pappkreise auf dem Boden. Die blauen Farbkreise stellen die Pfützen dar.
Die Kinder stellen sich auf einen Farbkreis, nur die blauen Farbkreise bleiben zunächst frei. Die Spielleitung liest das *Gedicht vom Regenmonster* vor und die Kinder springen dabei von Kreis zu Kreis. Sie müssen gut zuhören, denn wenn sie das Wort ‚Monster‘ hören, springen sie sofort auf einen blauen Kreis. Wer auf der falschen Farbe steht, muss ausscheiden.

Spiellied: Das Hampelmannlied

Text und Melodie: volkstümlich

1. Jetzt steigt Ham-pel-mann, jetzt steigt Ham-pel-mann, jetzt steigt Ham-pel-mann aus sei-nem Bett her - aus. O du mein Ham-pel-mann, mein Ham-pel-mann, mein Ham-pel-mann,

o du mein Ham-pel-mann, mein Ham-pel-mann bist du.

2. Jetzt zieht Hampelmann, jetzt zieht Hampelmann,
   jetzt zieht Hampelmann sich seine Strümpfe an. O du mein Hampelmann ...
3. Jetzt zieht Hampelmann, ... sich seine Hose an ...
4. Jetzt zieht Hampelmann, ... sich seine Jacke an ...
5. Jetzt setzt Hampelmann, ... sich seine Mütze auf ...

Hampelmann

Koordinationsübung

Alter: ab 4 Jahren

Die Spielleitung zeigt den Kindern den Hampelmannsprung: mit den Beinen in die Grätsche springen und gleichzeitig die Hände über dem Kopf zusammenführen, beim nächsten Sprung die Beine wieder schließen und die Hände hinter dem Rücken zusammenführen – beide Sprünge im Wechsel.

Der Hampelmannsprung ist eine wichtige kinästhetische Übung, die regelmäßig geübt werden sollte, weil sie die Motorik der Kinder verbessern hilft.

Alle Kinder stellen sich in einem Kreis auf. Die Spielleitung zeigt den Kindern während das Lied gesungen wird, was der Hampelmann so alles tut. Alle machen die pantomimischen Bewegungen nach. Ab ‚*O du mein Hampelmann ...*‘ springen alle den Hampelmannsprung wie oben beschrieben.

Lustige Tanzbären

Spiellied: Ich bin der kleine Tanzbär

Text und Melodie: volkstümlich

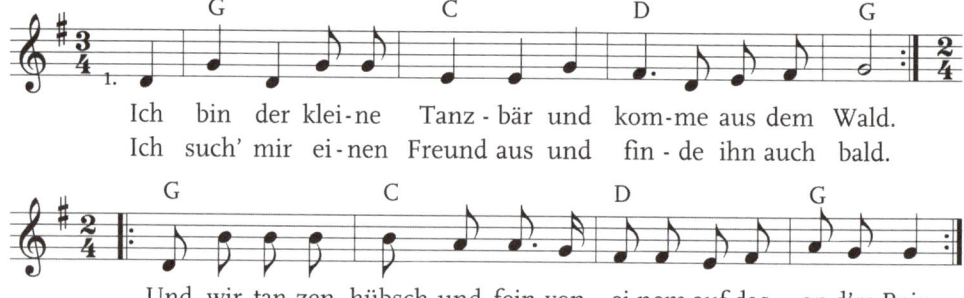

Ich bin der klei-ne Tanz-bär und kom-me aus dem Wald.
Ich such' mir ei-nen Freund aus und fin-de ihn auch bald.

Und wir tan-zen hübsch und fein von ei-nem auf das an-d're Bein.

2. Wir sind zwei kleine Tanzbär'n
und kommen aus dem Wald.
Wir suchen uns eine Freundin
und finden sie auch bald.
|: Ei, wir tanzen hübsch und fein
von einem auf das and're Bein. :|

3. Wir sind drei kleine Tanzbär'n
und kommen aus dem Wald.
Wir suchen uns eine Freundin
und finden sie auch bald.
|: Ei, wir tanzen hübsch und fein
von einem auf das andere Bein. :|

Tanzen wie der Tanzbär

Spiellied

Alter: ab 2 Jahren

Ein Kind ist der kleine Tanzbär und steht in der Kreismitte. Die anderen Kinder gehen im Kreis herum und singen das Lied. Bei *„finde sie auch bald"* sucht sich der Tanzbär ein Kind zum Tanzen aus. Sie tanzen in der Kreismitte ein Tänzchen und hüpfen von einem auf das andere Bein. In der nächsten Strophe gehen die beiden zusammen im Kreis herum und machen sich wieder auf Tanzbär-Suche. Zum Schluss tanzen und hüpfen alle Kinder als Tanzbären von einem auf das andere Bein.

Gespenstertanz

Bewegungsübung

Alter: ab 5 Jahren
Material: Musik, Knoblauchknolle oder gebasteltes Gespenst, evtl. Gespensterumhänge

Die Kinder machen einen Gespenstertanz zur Musik. Dabei hält ein Kind eine Knoblauchknolle in der Hand, die es jedoch so schnell wie möglich wieder loszuwerden versucht, denn Gespenster haben Angst vor Knoblauch. Es tanzt auf ein anderes Gespensterkind zu und reicht ihm den Knoblauch. Dieses Kind muss den Knoblauch annehmen und an das nächste Gespenst weiterreichen.
Wichtige Tanzregeln: Wer den Knoblauch fallen lässt scheidet aus! Wer den Knoblauch ablehnt und nicht annimmt, scheidet ebenfalls aus! Wer den Knoblauch in der Hand hält, wenn die Musik plötzlich aussetzt, scheidet ebenfalls aus!

Die Spielleitung übernimmt die Rolle des Schiedsrichters. Dieses Bewegungsspiel setzt eine gute Gruppenatmosphäre voraus, weil es nur einen Sieger gibt.

Wettertanz

Alter: ab 3 Jahren
Material: Musik, Zauberstab

Die Kinder stellen sich vor, sie sind Schneeflocken oder Regentropfen, je nach Jahreszeit. Sie tanzen zu einer beschwingten Musik durch den Raum.

Die Wetterhexe läuft mit einem Zauberstab zwischen den tanzenden Kindern herum, und wenn die Spielleitung plötzlich die Musik aussetzt, hebt die Wetterhexe den Zauberstab und lässt alles erfrieren. Die Kinder erstarren augenblicklich in ihrer Bewegung. Die Wetterhexe geht umher, wählt die lustigste erstarrte Figur aus und übergibt den Zauberstab an das ausgewählte Kind, das dann in der nächsten Runde die Wetterhexe spielt.

Wirbeltanz

Alter: ab 5 Jahren
Material: CD-Spieler, Tanzmusik

Die Kinder tanzen immer zu zweit. Ein Kind gibt dem Partnerkind seine rechte Hand, das Partnerkind gibt die linke Hand. Sie drehen und wirbeln sich vorsichtig im Kreis, bis die Musik aussetzt. Dann werden die Hände losgelassen. Alle Körperbewegungen werden augenblicklich eingefroren. Die Spielleitung setzt die Musik wieder an, geht umher und tippt jedes Kind an, um es wieder aus der Starre zu befreien. Es werden neue Partner im Wirbeltanz ausgesucht und der Wirbeltanz beginnt von vorne.

Fahrradtanz

Alter: ab 4 Jahren
Material: CD-Spieler, Tanzmusik, Matten

Dieser Tanz wird in Rückenlage getanzt. Immer zwei Kinder kommen zusammen, legen sich auf eine Matte, so dass sie sich mit den Füßen berühren.

Sie stellen sich vor, sie sitzen auf einem Fahrrad und tanzen mit ihrem Fahrrad durch die Zirkusmanege. Sobald die Musik einsetzt, versuchen sie eine rhythmische Fahrbewegung zu finden, die sich dem Tempo der Musik anpasst. Bei ruhigen Musikpassagen wird langsam gefahren, bei beschwingten geht es schneller. Das erfordert ein gutes Körpergefühl und eine gute Abstimmung der Bewegung der Füße und Beine.

Spielvariante für ältere Kinder: Kinder mit gutem Körpergefühl können auch versuchen, mit geschlossenen Augen einen rhythmischen Fahrradtanz zu tanzen.

Spiellied: Es tanzt ein Bi-Ba-Butzemann

Text und Melodie: volkstümlich

Es tanzt ein Bi - Ba - But-ze-mann in un-serm Kreis her-

um, di-del-dum, es um. Er rüt-telt sich, er schüt-telt sich, er

wirft sein Säck-chen hin-ter sich. Es tanzt ein Bi - Ba -

But-ze-mann in un-serm Kreis her-um.

Bi-Ba-Butzemann
Spiellied

Alter: ab 2 Jahren

Alle Kinder bilden einen Kreis. Ein Kind spielt den Butzemann. Es formt die Hände über dem Kopf zu einer Mütze und tanzt bzw. geht im Kreis herum. Der „Butzemann" rüttelt und schüttelt sich und am Ende des Liedes wählt es einen neuen „Butzemann" aus.

Wie Tiere sich bewegen

Spiellied: Ich bin ein kleines Eselchen

Text und Melodie: Gisela Mühlenberg
© Gisela Mühlenberg, Budenzauber, 12. Aufl., Jahrgang 1992 Ökotopia Verlag, Münster

Ich bin ein klei-nes E-sel-chen und wand-re durch die Welt; ich wack-le mit dem Hin-ter-teil, so wie es mir ge-fällt. I - ah, i - ah, i - ah, i - ah, i - ah!

Ich bin ein kleines Eselchen

Spiellied

Alter: ab 2 Jahren

Dieses Spiellied eignet sich besonders für die ganz Kleinen, macht aber auch den größeren Kindern noch Spaß. Die Kinder gehen, während sie gemeinsam das Lied singen, im Kreis herum und wackeln an der entsprechenden Liedstelle mit ihrem Popo.

Affenkönig

Alter: ab 4 Jahren
Material: Seile, Musik

Die Spielleitung legt Seile auf dem Boden aus, eins weniger als Kinder mitspielen. Die Seile stellen die Äste der Bäume dar, über die die Affenkinder im Urwald springen. Die Kinder springen zu einer Musik von Seil zu Seil, am Ende der Reihe laufen sie wieder zum Anfang zurück. Die Spielleitung setzt, ohne zu sehen, welches Kind gerade zum Anfang läuft, die Musik kurz aus, alle Affenkinder bleiben stehen. Das Kind ohne Seil scheidet aus, ein Seil wird weggenommen. Wer wird Affenkönig?

Raupenlauf

Alter: ab 5 Jahren
Material: Tuch, Seile

Die Vorwärtsbewegung einer Raupe ähnelt einer Wellenbewegung – es ist ein Wechsel von Krümmen und Strecken des Raupenkörpers. Die Kinder können die Wellenbewegung einer Raupe in einem koordinierten Gruppenspiel mit Hilfe eines Tuchs nachempfinden.
Die Spielleitung legt mit zwei Seilen jeweils eine Start- und eine Ziellinie aus. Mindestens sechs Kinder stellen sich hintereinander an der Startlinie auf. Sie beugen sich mit gegrätschten Beinen nach vorne. Die beiden letzten Kinder halten mit beiden Händen ein Tuch auf Spannung (das ist der Raupenkörper) und geben es weiter nach vorne an die vor ihnen stehenden Kinder. Während das Tuch unter den Beinen weitergegeben wird, läuft das letzte Kind in der Reihe nach vorne an den Kopf der Raupe und beugt sich wieder nach vorne. So geht es weiter, bis die Raupe an der Ziellinie angekommen ist.

In ein Tier verhext

Alter: ab 5 Jahren
Material: Zauberstab oder Kochlöffel, Kopftuch, CD-Spieler

Ein Kind spielt die Hexe, bekommt ein Kopftuch umgebunden und einen Zauberstab oder Kochlöffel zum Verhexen in die Hand.

Die Spielleitung stellt eine Musik an, zu der sich alle im Raum frei bewegen. Die Hexe berührt nacheinander alle Kinder mit ihrem Zauberstab, die Kinder erstarren, und die Hexe flüstert jedem den Namen eines Tiers ins Ohr. Die Musik endet, wenn alle erstarrt sind. Die Hexe stellt alle verzauberten Kinder im Kreis auf. Sie führt ein Kind in die Mitte, das sich nun in das verhexte Tier verwandelt. Die anderen Kinder erraten, um welches Tier es sich handelt. Alle Kinder stellen nacheinander ihr Tier dar.

Kängurusprung

74

Alter: ab 5 Jahren

Es werden zwei Känguru- Mannschaften gebildet, die sich in zwei Reihen hintereinander aufstellen.

Das erste Känguru jeder Mannschaft macht aus dem Stand ohne Anlauf einen Sprung nach vorne, und genau an dieser Stelle begibt sich das zweite Känguru in Startposition und hüpft von dieser Stelle ebenfalls vorwärts aus dem Stand, so weit es kann. So geht es weiter, bis alle Kängurus einer Mannschaft einen Kängurusprung gehüpft sind. Welche Kängurumannschaft ist insgesamt am weitesten gehüpft?

Spielvariante: Kängurusprung um Hindernisse

Alter: ab 5 Jahren
Material: Luftballons oder weiche Softbälle, Pylonen, Kegel o.Ä.

Jedes Kind bekommt einen aufgeblasenen Luftballon oder einen weichen Softball, klemmt ihn zwischen die Beine, und alle versuchen hintereinander wie ein Känguru um die aufgestellten Pylonen im Slalom herumzuhüpfen.

Hundehütte

Alter: ab 2 Jahren

Es werden zwei Gruppen gebildet. Die eine Gruppe spielt die Hundehütten, indem jeder sich im Kreis aufstellt und die Beine grätscht. Die andere Gruppe spielt die Hundekinder, die in der Kreismitte herumkrabbeln.

Wenn die Spielleitung in die Hände klatscht, krabbeln alle Kinder schnell in eine leere Hundehütte hinein – unter die gegrätschten Beine eines anderen Kindes. Klatscht die Spielleitung erneut in die Hände, krabbeln alle Hunde wieder heraus.

Nach drei bis vier Krabbeldurchgängen tauschen beide Gruppen die Rollen.

Katz und Maus

Alter: ab 4 Jahren

Die Kinder bilden einen Kreis und fassen sich an den Händen. Zwei Kinder spielen *Katz und Maus*. Die Katze befindet sich außerhalb des Kreises, die Maus im Kreisinneren. Die Katze versucht die Maus zu locken und ruft: *„Mäuslein, Mäuslein komm heraus!"* Die Maus antwortet: *„Nein, ich komme nicht heraus!"* Dann ruft die Katze: *„Dann fange ich dich in deinem Haus!"* Die Katze versucht nun ins Kreisinnere zu gelangen, was die anderen Kinder jedoch versuchen zu verhindern, indem sie z. B. eng zusammenrücken oder die Arme nach unten bewegen, wenn die Katze unten hindurchkrabbeln möchte.

Die Katze versucht schneller zu sein als die Kinder, die das Mauseloch abzusperren versuchen. Irgendwann findet sie bestimmt ein Schlupfloch und kann die Maus fangen.

Spiellied: Pitsch, patsch, Pinguin

Text und Melodie: Fredrik Vuhle
© *Aktive Musikgesellschaft mbH, Dortmund (www.aktive-musik.de)*

2. Und der Nordwind weht über's weite Meer.
   |: Pisch, patsch, Pinguin, da friert er aber sehr! :|
3. Und er sucht sich einen anderen Pinguin.
   |: Pitsch, patsch, Pinguin, sie kitzeln sich am Kinn. :|
4. Horch, wer kommt denn da, das muss der Eisbär sein.
   |: Pitsch, patsch, Pinguin, sie machen sich ganz klein. :|
5. Und der Eisbär tappt heran, oh Schreck!
   |: Pitsch, patsch, Pinguin, da laufen beide weg! :|

Pinguinlied

Bewegungsspiel

Alter: ab 2 Jahren

Die Kinder stehen im Kreis. Die Spielleitung verteilt drei Rollen: ein Pinguin, der Nordwind, ein Eisbär.

Während alle das Lied zusammen singen, tritt in der ersten Strophe das erste Pinguinkind in die Kreismitte und watschelt wie ein Pinguin. In der zweiten Strophe kommt das Nordwindkind in die Kreismitte und bläst den Pinguin an, der Pinguin beginnt zu zittern. In der dritten Strophe sucht sich der Pinguin ein Kind aus und beide kitzeln sich am Kinn. In der vierten Strophe kommt der Eisbär in den Kreis, die Pinguine bücken sich, und in der fünften Strophe laufen beide Pinguinkinder aus dem Kreis hinaus.

76

Eins, zwei, drei, wer hat den Ball?

Eins, zwei, drei, wer hat den Ball?
Koordinationsübung

Alter: ab 5 Jahren
Material: Ball

Ein Kind steht mit einem Ball in der Hand in ca. 4–5 Meter Entfernung
mit dem Rücken zu den anderen Kindern. Die Kinder stehen nebeneinander in einer Reihe und warten auf den Rückwärtswurf des Kindes mit
dem Ball. Das Kind ruft, während es den Ball über seinen Kopf hoch hinter
sich in die Luft wirft: *„Eins, zwei, drei, wer hat den Ball?"* Es darf sich aber
nicht umsehen! Ein Kind fängt den Ball, und alle Kinder stellen sich schnell
wieder in einer Reihe auf. Alle Kinder halten die Hände hinter den Rücken.
Jetzt darf sich das Ballwerferkind umdrehen und erraten, wer den Ball gefangen hat und hinter dem Rücken in den Händen hält.
Wurde richtig geraten, gibt es einen zweiten Rückwärtswurf. Wurde falsch geraten, ist
das Fängerkind der nächste Ballwerfer.

Zielwerfen
Koordinationsübung

Alter: ab 3 Jahren
Material: Bälle in verschiedenen Größen, Eimer, Kartons, Körbe, Transportbox, Stempel, Stempelkissen, Papier

Auf dem Boden stehen Behältnisse mit unterschiedlich großen Öffnungen sowie Körbe, die in Augenhöhe der Kinder befestigt werden. Die Kinder üben Zielwerfen in die
verschiedenen Behältnisse und bekommen für jeden Treffer einen Stempel auf ihrem
Ballausweis.
Das Zielwerfen trainiert Konzentration und Ausdauer.

Variante: Dosenwerfen
Koordinationsübung

Alter: ab 3 Jahren
Material: Dosen, Tennisbälle

Die Spielleitung stapelt Dosen aufeinander und die Kinder spielen Dosenwerfen wie in
einer Kirmesbude.

Namenball

Koordinationsübung

Alter: ab 5 Jahren
Material: Softball

Die Kinder stehen im Kreis. Die Spielleitung oder ein Kind steht mit einem weichen Ball in der Kreismitte. Es wird der Name eines Kindes im Kreis gerufen und gleichzeitig wird der Ball in die Luft geworfen. Das gerufene Kind läuft in die Mitte und versucht den Ball zu fangen.

Wanddribbler

Koordinationsübung

Alter: ab 4 Jahren
Material: Bälle

Die Kinder stehen vor einer Wand und versuchen einen Ball an die Wand zu werfen und wieder aufzufangen. Der Ball kann auch als Paar im Wechsel an die Wand geworfen und gefangen werden.
Variante: Die Kinder werfen den Ball gegen die Wand, lassen ihn auf dem Boden aufkommen und springen mit gegrätschten Beinen über den Ball.

Rückwärtsball

Koordinationsübung

Alter: ab 4 Jahren
Material: 2 Bälle

Die Kinder bilden zwei Mannschaften, die sich beide in einer Reihe hintereinander aufstellen. Die ersten Kinder jeder Mannschaft halten einen Ball in der Hand. Auf ein Startkommando geben sie den Ball über ihren Kopf hinweg nach hinten an das nächste Kind weiter. Dieses Kind nimmt den Ball an und gibt ihn ebenfalls über Kopf nach hinten weiter. Das letzte Kind in der Reihe läuft mit dem Ball nach vorne.
Das letzte Kind einer Reihe, das mit dem Ball als Erstes vorne steht, dessen Mannschaft gewinnt den Rückwärtsball-Durchgang und erhält einen Punkt.
Spielvariante für ältere Kinder: Es wird ein Komplettdurchlauf gespielt. Das Spiel ist erst zu Ende, wenn das erste Kind jeder Reihe wieder vorne steht.

4. Der Sehsinn (Visueller Sinn)

Die größte Zahl der Sinneseindrücke erhält der Mensch über den Sehsinn. Das Auge erfährt von Beginn des Lebens an eine Vielzahl an optischen Reizen, die verarbeitet werden müssen.

Der Sehsinn ist bei der Geburt zwar funktionsfähig, aber die Netzhaut ist noch nicht ausgereift, so dass ein Neugeborenes zunächst nur unscharf und wenig kontrastreich sehen kann. Der optimale Erkennungsbereich liegt bei ca. 30 cm Entfernung, und so verwundert es nicht, dass Gesichter im Nahbereich die größte Anziehungskraft auf Neugeborene ausüben. Nach einigen Wochen kann es einen Gegenstand mit den Augen verfolgen, der sich langsam vor den Augen bewegt.

Das Sehen wird mit zunehmendem Alter immer komplexer und erfordert Übung und Aufmerksamkeit, um wichtige Sehreize von unwichtigen unterscheiden zu können. Außerdem ermöglicht der Sehsinn die Wahrnehmung des Raums, in dem man sich gerade befindet und die Lage von bewegten oder unbewegten Gegenständen im Raum. Mit Hilfe des Sehsinns werden die Orientierung in der Umwelt und die gezielte Steuerung von Bewegungen erst möglich. Sich an Gesehenes erinnern zu können, z. B. Buchstaben, Zahlen und Muster, stellt eine wichtige Leistung des Gehirns dar und ist eine Grundvoraussetzung für die kognitive Entwicklung von Kindern. Damit aus dem Sehen ein optimaler Erkenntnisgewinn wird, bedarf es weiterer Sinneseindrücke durch Tasten, Bewegen, Hören, Riechen usw., denn erst dann können Sachverhalte wirklich „durchschaut" und besser verstanden werden.

Die visuelle Wahrnehmung von Farben und Formen ist eine Sinnesleistung, die Kinder vor allem beim Spielen einüben. Da jede Farbe zu einer Form gehört, ist es hilfreich, Kindern Farben und Formen in einem sinnlichen Zusammenhang anzubieten. In der Kombination von Sehen und Tasten gewinnen sie die größtmögliche Information über die Beschaffenheit der Objekte ihrer Umwelt: mit den Augen erfassen sie deren Farbe, Helligkeit und Form und beim gleichzeitigen Tasten erfahren sie alles Wichtige über Größe, Temperatur, Material und Oberflächenbeschaffenheit. Alles, was Kleinkinder sehen, fassen sie an, um es besser zu begreifen. So entwickeln sie eine gute Auge-Hand-Koordination (visumotorische Koordination). Sie ist eine wichtige Ausgangsbasis für feinmotorische Betätigungen wie Basteln, Malen, Bauen und das spätere Schreibenlernen in der Schule. Aber auch grobmotorische Betätigungen wie Bälle werfen und Bälle fangen gelingen nur mit einer ausgefeilten Auge-Hand-Koordination.

Die Fähigkeit sehen zu können ermöglicht aber auch die Kontaktaufnahme mit anderen: den anderen anzuschauen und ihn mit seinen Empfindungen und Gefühlen wahrzunehmen, die sich am Gesichtsausdruck und an der Körpersprache ablesen lassen. Dies ist eine wesentliche Voraussetzung menschlicher Kommunikation.

Die Spiele und Aktionen in diesem Kapitel stärken mit spielerischen Wahrnehmungsübungen den Sehsinn und bieten zahlreiche Anregungen zum Beobachten, Betrachten und (Wieder)erkennen. Gleichzeitig schaffen sie Gelegenheit für entspanntes und konzentriertes Schauen. Denn kein anderer Sinn ist bei Kindern heute so überlastet wie das Sehen. Die Vielzahl medialer Angebote wie Fernsehen, Computer, Handy und Spielekonsolen stellt eine kaum zu bewältigende Reizüberflutung für Kinderaugen dar. Um den Anforderungen einer bilderreichen und sehbetonten Umwelt gewachsen zu sein, brauchen Kinder Schutzräume und Erholungszeiten für ihren Sehsinn: Zeit zum zwecklosen Betrachten und die Blicke schweifen lassen und Zeit, um auch nach innen und „hinter die Dinge" zu schauen.

Mit den Augen auf Entdeckungsreise

Spiellied: Neugierige Augen

Text und Melodie: Regina Bestle-Körfer / Annemarie Stollenwerk

Refrain: Mit den Au-gen ent-de-cke die Welt, su-che und stau-ne, was dir ge-fällt. 1. Schau in Tru-hen und in Kis-ten, schau in je-den Ritz hin-ein, hin-ter Zäu-nen, hin-ter He-cken kann ein Schatz ver-bor-gen sein.

2. Schau auf Wiesen und in Wälder,
schau in jedes Loch hinein,
zwischen Gräsern, Ästen, Wurzeln
kann die Maus zu Hause sein.
Refrain: Mit den Augen ...

3. Schau die Wolken dort am Himmel,
schau die Sonne, wie sie scheint,
schau die Menschen in den Straßen,
einer lacht und einer weint.
Refrain: Mit den Augen ...

82

Verdrehtes Sehen

Alter: ab 4 Jahren

Das Bewegungsspiel eignet sich besonders für den Turn- oder Bewegungsraum, kann aber auch auf dem Außengelände gespielt werden.
Die Spielleitung bewegt sich mit den Kindern durch den Raum bzw. über das Außengelände:

- Wir gehen ganz langsam und schauen uns gegenseitig an. Was entdeckt ihr?
- Wir bleiben stehen und legen unseren Kopf in den Nacken. Was seht ihr?
- Wir schauen auf den Boden und bewegen den Kopf dabei hin und her.
- Wir laufen schnell. Seht ihr, dass alles an uns vorbeirauscht wie auf einer schnellen Auto- oder Zugfahrt?
- Wir legen uns auf den Bauch und kriechen ganz langsam wie eine Schnecke vorwärts? Was seht ihr?
- Wir stellen uns mit geöffneten Beinen hin, beugen uns nach vorne und schauen dabei nach hinten durch unsere Beine. Die Welt steht Kopf!
- Wir machen einen Purzelbaum (nur im Turnraum auf Matten). Könnt ihr beim Purzeln etwas sehen?

Die Kinder denken sich noch weitere Bewegungen aus, um die Sehperspektive zu verändern.

Am laufenden Band

Alter: ab 5 Jahren
Material: 5–10 verschiedene Alltagsgegenstände, z. B. Bilderbuch, Malstift, Spielzeugauto, Kuscheltier, Becher, Löffel, Zahnbürste usw., Bettlaken

Zwei Kinder halten das ausgebreitete Bettlaken wie eine Bühne. Hinter dem Laken stehen fünf Kinder mit den Gegenständen, vor dem Laken steht ein Kind, das raten darf. Der Reihe nach halten die Kinder ihren Gegenstand einen Augenblick so hoch, dass er über dem Rand des Lakens gut zu sehen ist. Sind alle Gegenstände einmal gezeigt, beginnt die Reihe noch einmal von vorne. Das Ratekind schaut sich die Gegenstände genau an und merkt sich sowohl die Gegenstände als auch in welcher Reihenfolge sie gezeigt wurden. Dann zählt es auf, und die Kinder hinter dem Laken zeigen, ob es sich das Richtige gemerkt hat.

Adleraugen

Alter: ab 4 Jahren
Material: kleine Bauklötze oder Duplosteine in verschiedenen Farben, von jeder Farbe
5–10 Steine, für jede Mannschaft einen Korb

Manche Tiere können besonders gut sehen, z. B. Adler. Mit ihren Augen können sie
auch aus großer Höhe Farben und Formen gut erkennen.
Die Kinder bilden Mannschaften mit fünf Kindern, jeder Mannschaft ist eine Farbe
zugeordnet.
Die Kinder verwandeln sich in Adler, die auf Futtersuche sind – dazu ziehen sie Schuhe
und Strümpfe aus. In einem Spielfeld im Bewegungsraum oder draußen auf einer
Wiese werden die Spielsteine verteilt. Am Spielfeldrand stellt jede Mannschaft einen
Korb auf, dort hinein werden die Spielsteine gebracht.
Auf ein Zeichen der Spielleitung laufen die Kinder los. Mit ihren scharfen „Adlerau-
gen" versuchen sie, die Spielsteine ihrer Farbe zu erspähen. Haben sie einen passen-
den Spielstein gefunden, krallen sie ihn mit den nackten Zehen fest, hüpfen zum Korb
am Spielfeldrand und legen ihn dort ab.
Welche Adlerfamilie hat zuerst alle Spielsteine eingesammelt?

Rätsel

84

Zwei sind's, die beieinander steh'n
und alles gut und deutlich seh'n
nur immer eins das andre nicht,
und wär's beim hellsten Tageslicht.
Was ist das?

Lösung:
Die Augen

Wie sehe ich aus?

Spiellied: Mein Gesicht ist rund

Text und Melodie: Regina Bestle-Körfer

Mein Ge-sicht ist rund. Mein Ge-sicht ist bunt.
Zwei blau-e Au-gen, ei-ne klei-ne Na-se und ein ro-ter
Mund, mein Ge-sicht ist rund. Tra-la-la-la
la, tra-la-la-la la. Mein Ge-sicht ist bunt.

85

Die Spielleitung singt das Lied einmal vor und begleitet es mit den Bewegungen:

Mein Gesicht ist rund.	*Mit den Fingern die Rundungen des Gesichtes umkreisen.*
Mein Gesicht ist bunt.	*Mit der Hand über das Gesicht fahren.*
Zwei blaue Augen,	*Die Augen umkreisen.*
eine kleine Nase	*Die Nase mit dem Zeigefinger anstupsen.*
und ein roter Mund,	*Den Mund mit den Fingern nachfahren.*
mein Gesicht ist rund.	*Mit den Fingern die Rundungen des Gesichts umkreisen.*
Tral- la- la- la- la, tral- la, la- la- la.	*In die Hände klatschen.*
Mein Gesicht ist bunt.	*Mit der Hand über das Gesicht fahren.*

Die Kinder singen das Lied mit und ahmen die Bewegungen der Spielleitung nach.

Ein verrücktes Bild

Alter: ab 5 Jahren
Material: Zeichenblock, dicker Blei- oder Filzstift

Die Kinder sitzen im Kreis. Ein Kind nimmt den Block in die Hand und hält ihn vor sein Gesicht. Mit der anderen Hand malt es das auf den Block, was die anderen Kinder ihm zurufen, z. B. rechtes Auge, Nase, Haare usw.
Auf diese Weise entstehen verrückte Kinderporträts. Sie werden später im Gruppenraum aufgehängt.

Gedicht: Der Blick in den Spiegel

Ich schaue in den Spiegel,
entdecke mein Gesicht.
Ich pfeife, grinse, schmolle,
muss staunen über mich.

Was kann ich alles finden,
zwei Augen, Nase, Mund,
Ich puste, huste, niese,
mein Gesicht ist rund.

Ich schneide eine Fratze,
verstelle mein Gesicht.
Die Augen blinzeln, schielen,
muss lachen über mich.

Ich schaue in den Spiegel,
probiere alles aus,
und das, was mir nun gut gefällt,
das male ich jetzt auf ...

Regina Bestle-Körfer

Spiegelbilder malen

Alter: ab 3 Jahren
Material: große Papierbögen, Bunt- oder Wachsmalstifte, ein großer Spiegel oder für jedes Kind einen Handspiegel

Die Kinder schauen in den Spiegel. Dazu liest oder spricht die Spielleitung das Gedicht. Die Kinder setzen die Verse des Gedichts in Aktion um. Anschließend malen sie ihre Spiegelbilder auf das Papier und hängen sie im Gruppenraum auf.

Spiegelspiel

Alter: ab 4 Jahren

Die Kinder bilden Paare und stellen sich einander gegenüber auf. Ein Kind beginnt damit, eine Gesichtsbewegung vorzumachen, z. B. den Mund öffnen oder schließen, die Augen rollen lassen, schielen, die Nase rümpfen, grinsen, die Zunge herausstrecken usw. Sein Gegenüber versucht, die Bewegung wie ein Spiegelbild mitzumachen. Dann werden die Rollen getauscht.

Rätsel

Jedem zeigt er ein anderes Gesicht.
Selber hat er keins.
Weißt du, wer das ist?

Lösung:
Der Spiegel

87

Ich sehe was, was du nicht siehst!

Aufgepasst! Wahrnehmungsübung

Alter: ab 3 Jahren
Material: ein kleiner roter Ball

Die Kinder sitzen im Stuhlkreis und schließen die Augen. In dieser Zeit versteckt die Spielleitung im Gruppenraum einen kleinen roten Ball – nicht zu auffällig, aber so, dass man ihn noch gut entdecken kann. Dann stehen die Kinder auf und machen sich auf die Suche. Wer den Ball entdeckt, setzt sich leise wieder auf seinen Platz. Das Spiel endet, wenn alle Kinder den Ball gefunden haben. Dann darf der Nächste ein Versteck für den Ball suchen.

Ich sehe was, was du nicht siehst Ratespiel

Alter: ab 3 Jahren
Material: eine Papprolle als Fernrohr

Die Kinder sitzen im Stuhlkreis. Die Spielleitung beginnt. Sie hält die Papprolle als Fernrohr vor ihr Auge, schaut durch den Raum und sagt: *„Ich sehe was, was du nicht siehst und das ist ..."* z. B. blau. Die Kinder sagen der Reihe nach, was sie Blaues im Raum entdecken können.
Wer richtig rät, bekommt das Fernrohr und eine neue Spielrunde beginnt.

Der einäugige Riese

Alter: ab 4 Jahren
Material: eine Augenklappe

Die Kinder sitzen im Stuhlkreis. Ein Kind spielt den Riesen. Es schaut sich die Kinder im Kreis zunächst genau an, dann geht es nach draußen und bekommt von der Spielleitung eine Augenklappe, die ein Auge verdeckt.
In der Zwischenzeit haben die Kinder im Kreis *ein* äußerliches Merkmal verändert, z. B. haben zwei Kinder ihre Schuhe oder Pullover vertauscht, haben eine Haarspange ins Haar gesteckt, eine Mütze aufgesetzt usw.
Der einäugige Riese wird hereingeführt und schaut sich im Kreis um. Entdeckt er die Veränderung?

Ganz nah ran

Alter: ab 3 Jahren
Material: für jedes Kinderpaar eine Lupe

Die Kinder bilden Paare. Jedes Paar bekommt eine Lupe und den Auftrag, etwas aus allernächster Nähe zu betrachten, z. B. die Fingerkuppen, einen Fingernagel, die Haare, die Haut an den Händen, den Mund, die Nase usw.
Im Kreis erzählen die Kinder, was sie Spannendes entdeckt haben.
Variante: Interessant ist es auch, Naturmaterialien aus nächster Nähe zu betrachten, z. B. ein Schneckenhaus, eine Muschel, einen Stein, einen Zapfen oder eine Blüte.

89

Augen auf!

Alter: ab 3 Jahren
Material: ein Tuch, Kärtchen mit Abbildungen von verschiedenen Naturgegenständen, z. B. vierblättriges Kleeblatt, Feder, Zapfen, Schneckenhaus, Kieselstein, Blatt, Rinde usw.

Die Kinder bilden Paare. Die Spielleitung legt ein Kärtchen auf das Tuch und sagt: *„Augen auf und los!"* Die Kinder machen sich auf die Suche nach dem abgebildeten Gegenstand, z. B. ein grünes Blatt. Für jeden gefundenen Gegenstand bekommen die Spielpaare einen Punkt. Wer kann die meisten Punkte sammeln?

Naturfarben-Kim

Alter: ab 3 Jahren
Material: Naturmaterialien in ähnlichen Farben, z. B. verschiedene Zapfen, ein Stück Holz, ein Stück Rinde, Steine; ein Tablett oder Tuch

Die Spielleitung legt ein Tablett oder Tuch mit den Naturmaterialien in die Kreismitte. Alle Kinder schauen sich die Materialien ganz genau an. Dann schließen sie die Augen und die Spielleitung nimmt eines der Materialien weg.
Wer entdeckt, was fehlt, darf in der nächsten Spielrunde einen Gegenstand aus der Kreismitte nehmen.
Variante: Es können auch Gegenstände hinzugefügt werden oder die Position der Gegenstände verändert werden.

Was gehört hier nicht hin?

Alter: ab 4 Jahren
Material: 5–10 Gegenstände, z. B. ein kleines Kuscheltier, ein Löffel, eine Murmel, ein Sandförmchen, ein Stift usw.

Die Spielleitung legt im Außengelände oder bei einem Spaziergang eine Strecke fest und verteilt dort verschiedene Gegenstände, die nicht in der Natur vorkommen. Nacheinander gehen die Kinder die Strecke aufmerksam ab und versuchen, die Gegenstände nur mit den Augen und ohne sie aufzuheben zu entdecken.
Am Ende der Strecke benennen die Kinder, was sie gesehen haben.

90

Und wer bist du?

Alter: ab 4 Jahren
Material: Bettlaken

Für dieses schnelle Reaktionsspiel müssen sich die Kinder mit ihren Namen kennen! Die Kinder bilden zwei Gruppen und setzen sich hintereinander in eine Reihe, getrennt durch ein Bettlaken, das die Spielleitung mit einem weiteren Kind zwischen beiden Gruppen gespannt hält. Die jeweils ersten Kinder beider Gruppen rutschen ganz nahe an das Bettlaken heran.
Dann ruft die Spielleitung sehr betont: „1, 2, 3 und wer bist du?" und lässt das Bettlaken zu Boden fallen. Die beiden Mitspieler sehen sich. Wer zuerst den Namen seines Gegenübers sagen kann, bekommt einen Punkt.

Eine kunterbunte Welt

Wir sind kunterbunt

Das ist der Daumen, der sagt: „Ich bin weiß wie Schnee!".
Das ist der Zeigefinger, der sagt: „Ich bin grün wie Klee!"
Das ist der Mittelfinger, der sagt: „Ich kann blau wie der Himmel sein!"
Das ist der Ringfinger, der sagt: „Ich bin gelb wie der Sonnenschein!"
Das ist der kleine Finger, der sagt: „Ich bin rot wie Mamas Mund!"
Alle Finger sagen: „Wir sind kunterbunt!"

Bunte Sommerwiese
Sprach- und Merkspiel

Alter: ab 4 Jahren

Die Kinder sitzen auf einer Sommerwiese, z. B. bei einem Ausflug oder Spaziergang. Wie beim „Kofferpacken" benennen die Kinder, was sie auf der Wiese entdecken können oder was sie dort vermuten. Das erste Kind sagt beispielsweise: *„Ich gehe über die Wiese und sehe eine rote Mohnblume."* Das zweite Kind: *„Ich gehe über die Wiese und sehe eine rote Mohnblume und eine grüne Heuschrecke."* ...
Die Wortschlange mit den Wiesenentdeckungen wird mit jedem Kind und jeder Nennung immer länger! Die Spielleitung und alle Kinder unterstützen sich gegenseitig beim Wiederholen.

91

Ein buntes Wiesenbild
Kreativangebot

Alter: ab 3 Jahren
Material: Tapetenbahnen, grünes Tonpapier, Scheren, Kleber, Wasserfarben, dicke Pinsel, Wasserbehälter

Die Spielleitung schneidet das grüne Tonpapier in unregelmäßig breite Streifen. Diese Streifen werden von den Kindern fransig eingeschnitten – so entsteht das Gras.
Die Grasstreifen werden mit Kleber an den unteren Rand der Tapetenbahn geklebt.
Mit Wasserfarbe malen die Kinder kunterbunte Blüten in das Gras und schmücken die Wiese mit Schmetterlingen, Vögeln, Wolken und einer leuchtenden Sonne.

Farbenkarussell

Wahrnehmungsübung

Alter: für die Kleinsten
Material: Holzreifen, Kreppbänder in den Farben Rot, Gelb, Blau, Schere, Nylongarn zum Aufhängen

An einem Holzreifen werden Kreppbänder in den Grundfarben angeknotet – in Farbgruppen oder bunt gemischt. Der Reifen wird mit Nylongarn aufgehängt, z.B. über der Wickelkommode. Beim Anstupsen dreht sich der Reifen und die bunten Bänder flattern im Luftzug.

Alle auf Rot!

Reaktionsspiel

Alter: ab 3 Jahren
Material: je einTonkartonbogen in Rot, Gelb, Blau und Grün, Malerkrepp zum Festkleben

Die Spielleitung verteilt im Gruppen- oder Bewegungsraum die Tonkartonbögen und befestigt sie mit Malerkrepp auf dem Boden. Die Kinder laufen kreuz und quer durch den Raum. Ruft die Spielleitung z.B. „ROT!", laufen alle Kinder zum roten Bogen und berühren ihn mit ihrer Hand.

Farben und Formen sortieren

Wahrnehmungsübung

Alter: ab 3 Jahren
Material: kleine Zapfen, Nüsse, Kieselsteine, Muscheln, Astabschnitte, Holzscheiben (mit kleinem Durchmesser) usw. in gleicher Anzahl, Tablett

Alle Materialien werden auf ein Tablett gelegt, vermischt und auf den Tisch oder Boden gestellt. Die Kinder bilden Paare und setzen sich einander gegenüber vor das Tablett. Die Spielleitung teilt den Kindern ein Material zu, dann geht es los: Jedes Kind nimmt sein Material vom Tablett und legt es vor sich auf den Tisch oder Boden. Wer als Erstes fertig ist, darf das nächste Spielpaar bestimmen.

Spiellied: Grün, grün, grün

Wahrnehmungsübung

Text und Melodie: volkstümlich

1. Grün, grün, grün sind al-le mei-ne Klei-der; grün, grün, grün ist al-les, was ich hab. Dar-um lieb ich al-les, was grün ist, weil mein Schatz ein Jä-ger ist.

2. Blau, blau, blau
   sind alle meine Kleider,
   blau, blau, blau ist alles, was ich hab.
   Darum lieb ich alles, was blau ist,
   weil mein Schatz ein Seemann, Seemann ist.

3. Weiß, weiß, weiß
   sind alle meine Kleider,
   weiß, weiß, weiß ist alles was ich hab.
   Darum lieb ich alles, was weiß ist,
   weil mein Schatz ein Bäcker, Bäcker ist.

4. Schwarz, schwarz, schwarz
   sind alle meine Kleider,
   schwarz, schwarz, schwarz ist alles,
   was ich hab.
   Darum lieb ich alles, was schwarz ist,
   weil mein Schatz ein Schornsteinfeger ist.

5. Bunt, bunt, bunt
   sind alle meine Kleider,
   bunt, bunt, bunt ist alles, was ich hab.
   Darum lieb ich alles, was so bunt ist,
   weil mein Schatz ein Maler, Maler ist.

Alle Kinder stellen sich in einem Kreis auf. Jedes Kind, das ein Kleidungsstück in der besungenen Farbe trägt, flitzt in den Kreis und tanzt und hüpft und springt, bis das nächste Kind in den Kreis kommt.

Blue Wunderschätze

Ratespiel

Alter: ab 3 Jahren
Material: blaue Schätze, die die Kinder von zu Hause mitbringen, ein schönes Tuch

Die Kinder sitzen im Stuhlkreis. In der Mitte des Kreises liegt ein schönes Tuch.
Der Reihe nach stellen die Kinder einander ihre blauen Schätze vor. Ist der Schatz
klein und passt in die Hände, beschreiben sie zunächst ihren Schatz und halten ihn
versteckt, bis ein anderes Kind ihn erraten hat. Ist der Schatz groß, können die Kinder
ihn auch zudecken oder in einem Karton versteckt beschreiben. Alle blauen Schätze
werden anschließend auf das Tuch gelegt, bewundert, und wenn es der „Besitzer"
erlaubt, auch berührt.
Variante: Auch zu jeder anderen Farbe können Wunderschätze mitgebracht werden.

Gedicht: Mein blauer Schatz

*Gestern am Fluss habe ich
einen Schatz gefunden.
Er ist blau.*

*Er glänzt und schillert im Sonnenschein.
Er duftet nach blauem Meer,
ja, er duftet wie ein blauer Wal.*

*Mein blauer Schatz ist kalt und glatt.
Er kuschelt sich in meine warme Hand.
Ich kann ihn riechen,
meinen blauen Schatz.*

Regina Bestle-Körfer

Farbcollagen

Kreativangebot

Alter: ab 2 Jahren
Material: Papier in verschiedenen Blau-, Rot- und Grüntönen, z. B. Transparentpapier,
Tonpapier, wasserfestes Krepppapier usw., weißer Fotokarton, Pinsel, Kleister, Maldecke

Die Kinder reißen das Papier in Stücke. Mit den Fingern oder einem Pinsel streichen
sie den weißen Fotokarton mit Kleister ein und bekleben ihn mit Schnipseln jeweils
einer Farbe. Die fertigen Werke werden im Gruppenraum aufgehängt.

Mit den Augen der Künstler

Gedicht: Kunterbunter Farbenzoo

Die Katze hat ein grünes Fell,
die blaue Maus versteckt sich schnell,
die gelbe Kuh kaut rotes Gras,
vorbei hoppelt ein gelber Has'.
Ein rosa Pferd kommt auch vorbei,
hat eine grüne Gans dabei,
am Himmel fliegen lila Tauben
mit weißen Punkten, kaum zu glauben!
Ist nur ein Traum, wach auf, hallo,
vom kunterbunten Farbenzoo.

Annemarie Stollenwerk

Farben mischen
Wahrnehmungsübung

Alter: ab 2 Jahren
Material: Maldecke, Malkittel, Papierbögen oder Tapetenbahnen, dickflüssige Farben in Rot, Gelb, Blau, dicke Borstenpinsel oder Spachtel

Die Kinder experimentieren mit den Grundfarben: Was geschieht, wenn Rot und Gelb miteinander vermischt werden? Welche Farbe entsteht aus Gelb und Blau? Was passiert, wenn alle Farben miteinander vermischt werden? Zum Mischen dürfen Hände, Pinsel oder Spachtel eingesetzt werden.

Malgeschichten erfinden
Kreativangebot

Alter: ab 3 Jahren
Material: Maldecke, Malkittel, Papierbögen oder Tapetenbahnen, dickflüssige Farben in Rot, Gelb und Blau, dicke Borstenpinsel

Auf zwei zusammengeschobenen Tischen werden die Materialien bereitgestellt. Ein Kind beginnt. Es malt mit Farbe einen Strich, einen Kreis oder nur einen Farbklecks aufs Papier und fantasiert, was es darstellen soll. Dann ist das nächste Kind an der Reihe. Es setzt das Bild fort und erzählt die Malgeschichte weiter ... bis alle Kinder an der Reihe waren.

Rätselgedicht: Warum?

Übers Feld springt eine Kuh,
sonnengelb, mit lautem Muh!
Was ist mit der Kuh gescheh'n,
dass wir sie so gelb hier seh'n?
Fraß sie gelben Löwenzahn,
fein zerkaut, so viel sie kann?
Trank die Kuh viel Sonnenstrahlen,
die ihr Fell so gelb anmalen?

Wollt die Kuh sich nur verkleiden,
konnt' ihr altes Fell nicht leiden?
Ist ein Zauberer gekommen?
Ist die Kuh durch Gelb geschwommen?
Und dann noch ein blauer Fleck,
geht auch nicht im Regen weg!
Ich hab' Fragen über Fragen,
kannst du mir die Antwort sagen?

Annemarie Stollenwerk

Kunterbunte Kühe   Kreativangebot

Alter: ab 4 Jahren
Material: Papier, Scheren, Buntstifte, grüner Tonkarton, Kleber

Die Kinder zeichnen eine Kuh aufs Papier oder nutzen eine Vorlage. Die Kuh wird
fantasievoll ausgestaltet, z.B. als Blumenkuh, als Sternekuh, als Streifenkuh, als Kuh
mit vielen bunten Kästchen usw.
Die fertiggestellten Kühe schneiden die Kinder aus. Sie kleben sie auf eine grüne Weide, den grünen Tonkarton, und hängen sie im Gruppenraum auf.

Augenschmaus: Die Augen entspannen

Wolkengucker

Entspannungsübung

Alter: ab 3 Jahren
Material: Decken; Anregung für einen blauen Sonnentag

Die Kinder legen sich auf die Decke und betrachten den blauen Himmel. Sie lassen die Augen langsam hin und her schweifen: Was gibt es zu entdecken? Die Sonne? Dicke Wattewolken? Vögel? Insekten? Ein Flugzeug?...

Wolkenreise

Entspannungsübung

Alter: ab 3 Jahren
Material: weiße Luftballons, ein großes Organzatuch oder ein Stück transparenter Vorhangstoff, evtl. Entspannungsmusik

Die Kinder legen sich in Rückenlage auf den Boden. Die Spielleitung und ein weiterer Erwachsener breiten das Tuch über ihnen aus und schwingen es sanft auf und ab. Nach und nach fallen weiße Luftballons als Wolken auf das Tuch – eine ruhige, entspannte Wolkenreise beginnt!

Himmelsgespenster

Rätselgedicht

*Sieh am Himmel ganz weit oben
fliegen Gespenster zum Regenbogen.
Sie jagen am Himmel von West nach Nord,
sie scheuchen sogar die Sonne fort.*

*Sieh, am Himmel ganz weit oben
fliegen Gespenster zum Regenbogen.
Sie schneiden hässliche Grimassen
und wollen sich nicht vertreiben lassen.*

*Sieh, am Himmel ganz weit oben
fliegen Gespenster zum Regenbogen.
Es fällt aus ihrem Gespensterbauch,
mal Regen, mal Schnee und Hagel
auch.*

*Kennst du die Namen der Himmels-
gespenster?*

Lösung: Wolken

Regina Bestle-Körfer

Fantasiereise: Wolkenblau

Alter: ab 4 Jahren
Material: Decken

Die Kinder liegen entspannt auf einer Decke – am schönsten draußen auf einer Wiese. Sie schließen die Augen und lauschen der Fantasiereise der Spielleitung:

Stell dir vor, du liegst auf einer kunterbunten Blumenwiese hoch in den Bergen.

Über dir leuchtet ein blauer Himmel, du kannst ihn fast anfassen.

Die Sonne strahlt warm – du spürst ihre warmen, gelben Strahlen auf deinem Kopf, auf deinen Armen, auf deinem Körper, auf deinen Beinen.

Über dir zieht ein großer Vogel seine Kreise, manchmal hörst du sein Kreischen.

Ein leises Brummen liegt in der Luft.

Deine Augen folgen dem Geräusch und entdecken einen Motorsegler. Er zieht seine Bahnen am blauen Himmel und hinterlässt eine dünne weiße Spur.

Dann wird es wieder still.

98

Der Motorsegler ist verschwunden.

Nur eine watteweiche weiße Wolke ist übrig geblieben.

Nanu, sie malt etwas an den blauen Himmel.

Deutlich erkennst du, dass die Wolke den Anfangsbuchstaben deines Namens schreibt.

Deine Augen strengen sich an ... und tatsächlich:

Dort im Himmelsblau steht dein Name geschrieben!

Am Ende der Fantasiereise öffnen die Kinder die Augen. Sie betrachten den Himmel, beschreiben seine Farbe und suchen Wolkenbilder. Wer mag, schreibt den Anfangsbuchstaben seines Namens mit dem Zeigefinger in die Luft.

Wolkennamen im Himmelsbau

Alter: ab 4 Jahren
Material: Tapetenbahnen, blaue und weiße Farbe, dicke Pinsel, Wasserbehälter, Kleber, Watte

Draußen werden Tapetenbahnen ausgelegt. Die Kinder bemalen sie gemeinsam mit blauer Farbe. Ist die Farbe getrocknet, malen die Kinder mit Weiß ihren Anfangsbuchstaben / oder Namen ins Wolkenblau. Auch aus Watte lassen sich Buchstaben formen und mit Kleber auf das Wolkenblau kleben. Nach dem Trocknen wird das Wolkenbild an die Wand oder Decke im Gruppenraum gehängt. Es lädt die Kinder auch drinnen zu Wolkenträumereien ein.

Verschwundene Welt

Geschichte: Ein Nebeltag

Svea steht am Fenster und schaut nach draußen. Es ist ein düsterer, nebliger Novembertag. „Nebel ist langweilig", sagt Svea zu ihrem Papa, „ich kann gar nichts sehen." Von den Häusern und Bäumen auf der anderen Straßenseite ist wirklich nichts mehr zu sehen. Alles ist in Nebel gehüllt.

Papa ist aufgestanden und fragt Svea: „Sollen wir nach draußen gehen? Ich zeige dir, dass der Nebel nicht langweilig ist, sondern ein richtiger Zauberkünstler."

Draußen ist es klamm und feucht. Wie eine weiße undurchsichtige Wand ist der Nebel um sie herum. Aber sie können durch diese Wand hindurchgehen. Vorsichtig setzt Svea einen Fuß vor den anderen und lässt dabei Papas Hand nicht los.

Plötzlich taucht aus dem Nebel die Mauer an der Straße auf. Hier wartet Svea jeden Morgen auf ihre Freundin Laura. Wie ein Zauberstein sieht die Mauer aus.

Auch die Bäume sind verzaubert. Wie riesige Gespenster, die ihre Ästearme ausbreiten, um anderen einen Schrecken einzujagen! Svea zuckt zusammen.

Ganz unvermittelt taucht auf einmal der alte Herr Olsen mit seinem Schäferhund vor ihnen auf, grüßt freundlich und ist schon wieder im Nebel verschwunden. „Ich habe die beiden gar nicht kommen sehen!", sagt Svea. „Findest du den Nebel noch immer langweilig?", fragt Papa. „Nein", sagt Svea. „Er ist ein echter Zauberkünstler. Er lässt Dinge verschwinden und wieder kommen."*

Zwischen den Nebelschwaden ist plötzlich ein heller Ball am Himmel zu erkennen, der ganz schwach leuchtet. „Ist das schon der Mond?", fragt Svea. „Nein", antwortet Papa, „das ist die Sonne, die ihre Strahlen durch das trübe Grau schicken will." Im fahlen Licht der Sonne wirken Bäume und Häuser noch ein wenig gruseliger.

Als die beiden zu Hause sind, sagt Svea zu Papa: „Das war spannend, und ich bin froh, dass du bei mir warst, sonst hätte ich Angst gehabt."

Papa nickt und antwortet: „Bestimmt scheint morgen die Sonne wieder!"

Annemarie Stollenwerk

Nebelige Scheiben

Kreativangebot

Alter: ab 3 Jahren
Material: graues oder weißes Transparentpapier, angerührter Tapetenkleister, Malkittel, verschiedene Naturmaterialien wie Zweige, Stöcke, Blumen und Steine, Spielsachen, z. B. Ball, Bausteine, Kuscheltier usw.

Die Kinder reißen das Transparentpapier in nicht zu kleine Stücke und kleben es mit dem Kleister an eine Fensterscheibe im Gruppenraum oder Flur. Vor die „nebelige" Fensterscheibe halten einige Kinder nun von draußen Naturmaterialien oder Spielsachen. Die Kinder im Raum raten, was sie durch den Nebel davon erkennen können.

Nebelschleier-Tanz

Bewegungsübung

Alter: ab 2 Jahren
Material: weiße oder graue Tücher, CD-Player, Entspannungsmusik

Zur Musik bewegen sich die Kinder wie Nebelschleier durch den Raum. Jedes Kind hält ein Tuch in der Hand, das es im Rhythmus der Musik hin und her schwingt. Die Kinder berühren sich beim Tanzen auch gegenseitig mit den „Nebeltüchern" und bringen für einen Augenblick Gegenstände im Raum unter den Tüchern zum Verschwinden.

101

Mein Laternenlicht

Alter: ab 3 Jahren

Im Dunkel der Nacht, da sehe ich nicht,	*Mit der Hand die Augen zuhalten.*
darum nehme ich mein Laternenlicht	*Mit den Händen einen Kreis formen.*
und stelle eine Kerze fein in die Mitte hinein.	*Eine Hand aufhalten, mit der anderen „etwas hineinstellen".*
Nun zünde ich die Kerze an,	*Anzünden eines Streichholzes darstellen, dann Hand an Stirn und herumschauen.*
damit ich etwas sehen kann.	
Meine Laterne strahlt mit hellem Schein	*Mit den Armen einen Kreis darstellen.*
in die dunkle Nacht hinein.	*Hand an die Stirn legen und „in die dunkle Nacht" schauen.*
Leuchte hell Laternenlicht!	
Dunkle Nacht, ich fürcht' mich nicht!	*Den Kopf schütteln.*

Rätsel

Wenn man nicht sieht,
so sieht man sie.
Wenn man aber sieht,
so sieht man sie nicht.

Lösung:
Die Dunkelheit

102

Von Licht zu Licht

Alter: ab 3 Jahren
Material: Lampe, Leuchtsterne, Windlicht mit Kerze, Streichhölzer

Unter einer hellen Lampe „laden" die Kinder die Leuchtsterne „auf" – sie geben später im Dunkeln ihr Licht für eine Weile wieder ab.
Die Spielleitung legt im Gruppenraum und im Flur der Einrichtung mit den Leuchtsternen einen Weg aus. Dann werden die Fenster verdunkelt und die Lichter gelöscht. Die Kinder lassen sich alleine oder paarweise von den Leuchtsternen durch die Dunkelheit leiten. Am Ende des Leuchtsternewegs wartet die Spielleitung neben einem Kerzenlicht und nimmt alle Kinder in Empfang.

Geschichte: Wie der Sternenhimmel entstand

Die Navajo-Indianer erzählen ihren Kindern gerne diese Geschichte:

Vor langer, langer Zeit beschlossen die Geister des Himmels, für jedes Tier, das auf der Erde lebt, ein Sternbild am Himmel zu erschaffen. Sie breiteten eine Decke auf dem Boden aus, nahmen alle Sterne vom dunklen Nachthimmel, sortierten sie und legten mit ihnen wunderschöne Tiermuster. Viele Wochen waren die Geister mit dieser Arbeit beschäftigt, denn es gab ja so viele verschiedene Tiere auf der Erde. Eines Tages kam ein neugieriger Kojote angeschlichen und wollte wissen, wo denn sein Bild sei. Als er es nicht entdecken konnte, wurde er sehr wütend. Er schleuderte die Decke mit seiner Schnauze hin und her, so dass alle Tiersternbilder nach oben in den Himmel geschleudert wurden. Wild rannte der Kojote hin und her und versuchte auch noch, einen Maisfladen aus der Feuerstelle zu stibitzten, doch das gelang ihm nicht. Wütend rannte er deshalb quer über den Himmel und zog dabei eine breite Spur aus Asche hinter sich her – die Milchstraße.

Sternenhimmel Kreativangebot

Alter: ab 3 Jahren
Material: mehrere Bögen schwarzer Tonkarton, Prickelnadeln, Prickelunterlagen, Taschenlampen

Die Kinder pricken mit der Prickelnadel kleine Muster in den Tonkarton – fantasievolle Sternbilder. Dann werden die Lichter gelöscht und einige Kinder hinterleuchten die Sternbilder mit Taschenlampen. Auf den Wänden des Raumes sind die geprickelten Sternenmuster als kleine Licht- und Leuchtpunkte zusehen – so wie der Sternenhimmel draußen.

Dunkelbrillen

Alter: ab 3 Jahren
Material: für jedes Kind eine möglichst dunkle Sonnenbrille, verschiedene farbige Gegenstände, z. B. Bälle, Bauklötze, Duplo-Steine, Wachsmalstifte

In der Dämmerung oder Dunkelheit fällt es den Augen sehr schwer, Farben zu erkennen und zu unterscheiden.
Die Kinder sitzen im Kreis und ziehen Sonnenbrillen an. Die Spielleitung hält einen farbigen Gegenstand hoch und die Kinder entscheiden still und für sich, welche Farbe sie sehen. Dann nehmen sie die Sonnenbrille ab und entdecken, ob sie richtig geraten haben.

Nachtwanderung

Alter: ab 3 Jahren, evtl. gemeinsam mit den Eltern

Eine Nachtwanderung durch den Wald oder übers Feld eignet sich besonders als Abschluss eines Sommerfestes, einer Weihnachtsfeier oder bietet sich bei einer Kindergartenübernachtung an.
Gemeinsam mit der Spielleitung und evtl. mit den Eltern erleben die Kinder die Dunkelheit.

5. Der Hörsinn (Auditiver Sinn)

Bereits im Mutterleib nimmt ein Kind den Herzschlag und die Stimme der Mutter wahr, ebenso deren Atem- und Verdauungsgeräusche, sowie Geräusche außerhalb des Mutterleibs – z. B. Musik, Stimmen und Lärm, was an einer erhöhten Pulsfrequenz des Embryos messbar ist. Bei der Geburt ist das Gehör gut entwickelt. Schon Babyohren sind täglich gefordert, eine Menge Hörreize zu verarbeiten, denn die Welt ist laut: Stimmengewirr, Alltags- und Straßengeräusche, Maschinenlärm und allgegenwärtige Musikberieselung. Sie werden in dieser Geräuschfülle groß. Die vertrauten Töne und Geräusche der Mutter geben Sicherheit und helfen dem Säugling, sich bei Aufregung und Überreizung zu beruhigen.

Wie das Sehen dient das Hören der Orientierung. Und besonders im Dunkeln gewinnt das Spitzen der Ohren an Bedeutung, um Geräusche zuordnen zu können. Verschiedenartige Klangquellen wahrzunehmen und zu unterscheiden, z. B. das warnende Hupen eines Autos, die Klingel an der Haustür oder eine Feuerwehrsirene, ist abhängig vom Konzentrationsvermögen und der Erfahrung der Kinder. Wie bei anderen Sinnestätigkeiten auch muss das Gehörte im Gehirn gespeichert und mit einer Reaktion verknüpft werden, um in einer ähnlichen Situation wieder erkannt zu werden.

Die Fähigkeit, Ähnlichkeiten und Unterschiede zwischen Lauten und Tönen herauszuhören, macht Kindern den Spracherwerb möglich. Aus gezieltem Hören, Wahrnehmen und Nachahmen entwickeln Kinder Lautfolgen, Worte und schließlich ganze Sätze, mit denen sie sich verständlich machen können.

Mit offenen Ohren wird das Leben reich: einander zuhören und miteinander sprechen stellt wichtige soziale Beziehungen untereinander her. Kinder lernen schnell, dass sich am Tonfall und der Lautstärke der sprechenden Person Stimmungen und Gefühle ablesen lassen.

Ein besonderes Hörerlebnis stellt die Musik dar. Sie bringt etwas im Menschen zum Klingen, regt an, macht fröhlich oder melancholisch und sucht einen aktiven Ausdruck in Bewegung, Tanz, Gesang und dem Spiel auf Instrumenten.

Eine ganzheitliche Förderung des Gehörs beginnt mit Wahrnehmungsübungen und Spielen, bei denen Kinder konzentriert hinhören müssen. Besonders intensiv gelingt das, wenn die Augen dabei geschlossen sind. Experimentieren mit Geräuschen, Tönen und Worten weckt die Fantasie und die Spielfreude.

Ganz bewusstes Hören und Horchen, besonders draußen in der Natur, öffnet Kindern den Raum zu Ruhe, Stille und Entspannung abseits vom Lärm des Alltags. „Ganz Ohr zu sein", eröffnet einen Zugang zu einer Welt hinter allen Geräuschen und gibt Träumen und der Fantasie reiche Nahrung.

Meine Ohren

Ohrenmassage

Alter: ab 3 Jahren

Die Kinder sitzen im Morgenkreis. Damit die Ohren wach und aufmerksam werden für den Tag, leitet die Spielleitung eine Ohrenmassage an: Dazu legen die Kinder beide Hände rechts und links an die Ohrläppchen. Dann kneten sie mit Daumen und Zeigefinger das gesamte Ohr mit leichtem Druck. Eine Ohrenmassage stärkt die Konzentration und fördert die akustische Wahrnehmung.
Variante: Die Kinder nehmen die Hände über kreuz: sie kneten mit der rechten Hand das linke Ohr und mit der linken Hand das rechte Ohr.

Rätsel

Was ist das? Es hört jedes Wort und sagt selber keins.

Lösung: Das Ohr

Lausch-Spiel

Alter: ab 3 Jahren

Draußen oder im Gruppenraum gibt es viele verschiedene Geräusche zu entdecken. Die Kinder suchen sich einen Platz und setzen sich auf den Boden. Dann schließen sie die Augen und lauschen auf die Geräusche in der Umgebung.

Eine Hand ballen sie zur Faust. Für jedes Geräusch, das sie hören, z. B. das Zwitschern eines Vogels, ein vorbeifahrendes Auto, ein Nieser, eine quietschende Tür usw., strecken sie einen Finger aus der Faust heraus. Wer fünf verschiedene Geräusche gehört hat, öffnet die Augen und wartet, bis alle anderen Kinder fertig sind. Im Kreis erzählen die Kinder, welche Geräusche sie gehört haben.

Ohren auf!

Wahrnehmungsübung

Alter: ab 3 Jahren
Material: verschieden lange Pappröhren

Die Kinder sitzen im Morgenkreis, jedes Kind bekommt eine Pappröhre. Durch diese Pappröhre flüstert es seinem Sitznachbarn auf Zuruf durch die Spielleitung etwas ins Ohr, z. B. die Lieblingsfarbe, das Lieblingstier, das Lieblingsessen usw. Hören die Kinder, was ihnen zugeflüstert wird?
Alternativ summen oder brummen die Kinder dem Nachbarn leise ein Lied durch die Pappröhre ins Ohr, er rät, um welches Lied es sich handelt.

Flüsterkreis

Wahrnehmungsübung

Alter: ab 4 Jahren

Alle Kinder sitzen im Kreis. Die Spielleitung beginnt und flüstert deutlich artikuliert einen Satz, z. B. *„Guten Morgen, liebe Leute, wie wird wohl das Wetter heute?"* oder *„Spitzt die Ohren und gebt acht, hört ihr, wie es draußen kracht?"* Fortlaufend wird der Satz nun flüsternd wiederholt. Jedes Kind, das den Flüstersatz verstanden hat, flüstert ihn mit, bis der ganze Kreis gemeinsam flüstert. Anschließend denken sich auch einige Kinder einen Flüstersatz aus, der nach und nach mitgeflüstert wird.

Kopf im Eimer

Wahrnehmungsübung

Alter: ab 4 Jahren
Material: ein großer Eimer

Die Kinder stülpen sich nacheinander den Eimer über den Kopf und experimentieren, wie sich das Geräusch der eigenen Stimme durch den Eimer verändert. Sie summen oder singen ein Lied, brummen oder schnalzen mit der Zunge, sprechen oder schreien.
Variante: Alternativ lässt sich ‚Kopf im Eimer' auch als Ratespiel spielen. Ein Kind verlässt den Raum, ein anderes zieht den Eimer über den Kopf. Dann wird das Kind von draußen hereingerufen. Es bittet das Kind unter dem Eimer, etwas zu sagen und versucht zu erraten, welches Kind dort unter dem Eimer versteckt ist.

109

Hör genau!

Alter: ab 4 Jahren
Material: verschieden große Gläser, Flasche oder Kanne, Wasser, Augenbinde, Filzschreiber zum Markieren

Dieses Spiel eignet sich für eine Spielrunde auf dem Außengelände.
In der Kreismitte steht ein Tisch mit verschieden großen Gläsern. In Flaschen oder Kannen steht Wasser bereit.
Ein Kind beginnt. Es schüttet zunächst mit offenen Augen Wasser aus der Flasche oder Kanne ins Glas. Die Füllhöhe wird mit dem Filzschreiber markiert.
Im nächsten Schritt zieht das Kind die Augenbinde auf. Das Schütten ist nun viel schwieriger, denn es muss sich ausschließlich auf das Gehör verlassen und entscheiden, wann das Glas voll ist.
Mit Hilfe der Markierungslinie kann es überprüfen, wie nah es an das Ergebnis mit offenen Augen herangekommen ist. Dann ist das nächste Kind an der Reihe.

Nussgeklapper

Alter: ab 4 Jahren
Material: Keksdose mit Deckel, Erdnüsse

Die Kinder bilden Paare. In der Kreismitte liegen die Keksdose und die Erdnüsse. Ohne dass der Partner es sieht, legt ein Kind z. B. fünf Erdnüsse in die Dose und schließt den Deckel. Sein Partner schüttelt nun die Dose und schätzt an Hand des Geklappers, wie viele Nüsse in der Dose sind. Gemeinsam wird nachgeschaut: Wer genau richtig liegt, bekommt fünf Punkte, wer sehr nah daran liegt drei Punkte. Dann wird gewechselt und eine neue Nussklapperrunde beginnt.

Silbensalat

Wahrnehmungsübung

Alter: ab 5 Jahren

Die Kinder sitzen im Kreis. Ein Kind wird kurz aus dem Raum geschickt.
In der Zwischenzeit überlegen die Kinder mit der Spielleitung ein mehrsilbiges Wort,
z. B. To - ma - ten - sa - lat oder Ze - bra - strei - fen.
In kleinen Gruppen sprechen die Kinder gleichzeitig eine der Silben. Dann wird das
Kind von draußen hereingeholt und muss das durcheinander gesprochene Wort erra-
ten: eine besondere Herausforderung für die Ohren!

Fremde Sprachen

Konzentrationsübung

Alter: ab 3 Jahren

Die Kinder sitzen im Morgenkreis. Die Spielleitung begrüßt die Kinder in verschiedenen Sprachen: z.B.

Günaydin! (türkisch)
Salam! (arabisch)
Goedemorgen! (niederländisch)
Good Morning! (englisch)
Bom dia! (portugiesisch)
Buenos dias! (spanisch)
Bonjour! (französisch)
God morgon! (schwedisch)
Buongiorno! (italienisch)
Dzien dobry! (polnisch)
Dobro jutro! (kroatisch)
Kalimera! (griechisch)

Gemeinsam wiederholen alle Kinder den Gruß und fügen in ihrer Muttersprache ein
‚Guten Morgen!' hinzu.

Mein Körper – ein Klangraum

Herzschlag und Bauchgluckern

Wahrnehmungsübung

Alter: ab 4 Jahren
Material: Decken

Die Kinder sitzen im Morgenkreis. Die Spielleitung sagt:

„Wir wollen jetzt ganz leise werden und uns auf unseren Körper konzentrieren. Was hört ihr? Vielleicht hört ihr, wie ihr schluckt, vielleicht gluckert euer Bauch. Hört ihr auch, wie euer Herz schlägt? Wenn ihr genau hinhört, ertönt ein sanftes Pochen. Ganz leise. Wenn ihr eure Hand auf die Brust oder vorsichtig auf den Hals legt, spürt ihr bestimmt auch das Pochen. Klopft das Herz schnell oder langsam?"

Anschließend bilden die Kinder Paare und breiten pro Paar eine Decke auf dem Boden aus. Ein Kind legt sich in Rückenlage auf die Decke, das andere legt vorsichtig seinen Kopf auf den Brustkorb oder den Bauch. Dann werden alle Kinder ganz still und konzentrieren sich, wie sich der Herzschlag oder das Gluckern im Bauch des anderen Kindes anhört.

Mein Körper – der Geräuschemacher

Wahrnehmungsübung

Alter: ab 3 Jahren

Die Kinder stehen im Kreis. Gemeinsam überlegen sie, welche Geräusche man mit dem Körper erzeugen kann:
- die Lippen vibrieren lassen und prusten
- mit der Zunge schnalzen
- bei geöffnetem Mund auf die Wangen klopfen
- ein Lied summen oder laut singen
- mit den Fingern schnipsen
- in die Hände klatschen
- auf die Oberschenkel schlagen oder über sie reiben
- mit den Füßen trippeln, scharren oder stampfen

Gibt es noch andere Ideen für Geräusche mit dem Körper?

Stimmgabel

Alter: ab 3 Jahren
Material: Stimmgabel, Holz, Steine, Blechdose

Die Spielleitung gibt eine Stimmgabel im Morgenkreis herum. Was ist das? Was kann man damit wohl anfangen?

Dann schlägt sie die Stimmgabel am Knie oder an der Hand an und setzt sie den Kindern nacheinander auf den Knochen hinter dem Ohr oder auf den knöchernen Teil vor dem Eingang zum Ohr. Ein deutlicher Ton ist zu hören, durch den Knochen wird er zusätzlich verstärkt und ist deshalb sehr gut zu hören.

Variante: Die Spielleitung hält die angeschlagene Stimmgabel auf den Bauch einer Gitarre, einer Trommel oder auf ein Klavier. Die Kinder beobachten und lauschen, was mit dem Ton der Stimmgabel passiert.

Experimentieren mit einer Klangschale   Wahrnehmungsübung

Alter: ab 3 Jahren
Material: Klangschale, evtl. in verschiedenen Größen, Tuch, Decke oder Matte

In der Kreismitte steht auf einem Tuch eine Klangschale. Die Spielleitung nimmt sie auf die flache, ausgestreckte Hand und schlägt mit dem Klöppel an den Rand der Schale. Ein singender Ton entsteht.

Die Spielleitung schlägt erneut die Klangschale an und lädt die Kinder ein, eine Hand zu heben, wenn sie das Tönen der Schale nicht mehr hören können.

Dann gibt sie die Schale herum und die Kinder entlocken nacheinander der Klangschale einen Ton. Das ist nicht ganz einfach und muss ein wenig geübt werden. Die Kinder genießen das Tönen und das leichte Kribbeln auf der Handfläche.

Nacheinander können sich die Kinder auch mit einer Klangmassage verwöhnen lassen. Dazu legen sie sich in Rückenlage auf die Decke oder Matte. Die Spielleitung stellt die Klangschale in Nabelgegend auf den bekleideten Bauch und schlägt sie an. Wie fühlt sich das Tönen und Kribbeln im Bauchraum und im ganzen Körper an?

113

Klangdusche

Alter: ab 4 Jahren
Material: Becken, Klöppel

Die Kinder setzen sich im Kreis auf den Boden. Sie schließen ihre Augen und achten auf den ruhigen Fluss ihres Atems beim Ein- und Ausatmen. Eines der Kinder hält ein Becken in der Hand. Es geht leise um die sitzenden Kinder herum. Bei einem Kind bleibt es stehen und schlägt das Becken über dem Kopf des Kindes ganz sanft an. Das sitzende, lauschende Kind kann den Klang und die Vibration des Beckens wie eine Dusche vom Kopf über den ganzen Körper spüren.

Klangmassage

Alter: ab 4 Jahren
Material: Filzbälle mit Glöckchen, Decken oder Matten

Die Kinder bilden Paare und verwöhnen sich gegenseitig mit einer wohltuenden Klangmassage. Ein Kind legt sich gemütlich auf den Rücken und schließt die Augen. Sein Partner kniet sich daneben und rollt mit einem weichen Filzball, in dem ein Glöckchen versteckt ist, in kleinen Kreisbewegungen über Arme und Beine. Wer mag, kann sich auch in Bauchlage den Rücken massieren lassen.
Wichtig!: nicht über die Wirbelsäule massieren!
Das liegende Kind bestimmt das Ende der Klangmassage, anschließend werden die Rollen getauscht.

Klangkörper

Alter: ab 3 Jahren
Material: Decken oder Matten

114

Bei dieser Übung erfahren die Kinder ihren eigenen Körper als Klangkörper.
Die Kinder bilden Paare. Sie legen sich einander gegenüber auf den Rücken, so dass ihre Köpfe sich am Scheitel berühren. Sie schließen die Augen, atmen ruhig ein und aus und versuchen, nur noch ihren Partner zu spüren. Abwechselnd summen die Kinder eine kleine Melodie, die sie über den Scheitel aneinander weitergeben.

Der Natur lauschen

Regenmusik Fingerspiel

Alter: ab 3 Jahren

Es tröpfelt,	*Leise mit den Fingerspitzen auf den Tisch klopfen.*
es regnet,	*Laut mit den Fingerspitzen auf den Tisch klopfen.*
es hagelt,	*Mit den Fingerknöcheln auf den Tisch klopfen.*
es donnert,	*Mit den Fäusten auf den Tisch klopfen.*
es blitzt!	*Laut zischen und dabei mit dem Arm eine blitzartige Bewegung von links nach rechts ausführen.*

Regenkonzert Wahrnehmungsübung

Alter: ab 3 Jahren

Wenn Regentropfen aus dicken Wolken fallen, entsteht zauberhafte Regenmusik. Wetterfest angezogen gehen die Kinder nach draußen, spüren den Regen und lauschen den Regengeräuschen.
Wie klingt es
- wenn der Regen von den Bäumen tropft?
- wenn er den Baumstamm herunterrinnt?
- wenn dicke Regentropfen in Pfützen springen?
- wenn Nieselregen auf die Jacke tröpfelt?
- wenn die Regentropfen ins Gras fallen?
- wenn der Regen in einen Bach oder See fällt?
- wenn der Regen durch die Regenrinne rauscht?
- wenn die Regentropfen in die Regentonne springen?

Gemeinsam überlegen die Kinder, an welchen Plätzen noch andere Regengeräusche zu hören sind.

115

Regenrasseln

Alter: ab 3 Jahren
Material: kleine runde Schachteln oder Blechdosen, kleine Steinchen oder Trockenerbsen, Tesafilm, Malfarbe, Wasserbecher, Pinsel

Die Kinder bemalen den Deckel und den Boden der Schachtel mit Farbe und lassen diese gut trocknen. Anschließend werden die Dosen mit Steinchen oder Erbsen gefüllt. Mit Unterstützung durch die Spielleitung kleben die Kinder die Dose mit Tesafilm rundherum fest zusammen. Dann kann das Regengeprassel beginnen.

Regenrasseltanz

Alter: ab 3 Jahren
Material: Regenrassel, Regenschirm

Ein Kind spielt die Regenhexe. Es hält einen Regenschirm und eine Regenrassel in der Hand. Alle anderen Kinder sind Regentropfen. Beginnt die Regenhexe ihr Regenlied mit der Regenrassel, hüpfen alle Regentropfenkinder durch den Raum. Doch aufgepasst! Verstummt die Rassel, müssen auch die Regentropfen aufhören zu hüpfen. Wer noch hüpft, obwohl die Rassel nicht mehr klingt, scheidet aus. Welches Kind wird der letzte Regentropfen? Anschließend beginnt eine neue Bewegungsrunde mit einer neuen Regenhexe.

Gedicht: Wer klappert da im Wind?

Wer klappert da im Wind?
Wer heult ums Haus geschwind?
Es sind die Windgeister, hu-hu,
die bunten Windgeister!

Wer rüttelt an den Bäumen?
Wer weckt mich aus den Träumen?
Es sind die Windgeister, hu-hu,
die bunten Windgeister!

Wer lässt die Blätter fallen?
Wer lässt die Türen knallen?
Es sind die Windgeister, hu-hu,
die bunten Windgeister!

Wer macht nur, was er will
und ist auf einmal still?
Es sind die Windgeister, hu-hu
die bunten Windgeister!

Annemarie Stollenwerk

Windgeister

Kreativangebot

Alter: ab 4 Jahren
Material: große Wattekugeln, Blechdosen, Prickelnadel, Kronkorken, Aluhüllen von Teelichtern, lange Nägel, Holzperlen, Faden, dicke stumpfe Nadeln, Woll- und Stoffreste, Schere, Stifte

Mit der Prickelnadel sticht die Spielleitung Löcher in die Blechdosen. Die Kinder fädeln die Wattekugeln, einige Holzperlen und die Blechdosen auf den Faden und knoten alles fest.
Mit den Woll- und Stoffresten, Kronkorken, Aluhüllen und langen Nägeln gestalten die Kinder einen klappernden Windgeist. Mit Stiften bekommt er ein Gesicht aufgemalt. Die Windgeister werden am Fenster oder in einem Baum im Außengelände aufgehängt und machen schaurig-schöne Windgeister-Musik.

Baumrauschen

Alter: ab 3 Jahren
Material: ein Stethoskop

Dieses Hörexperiment eignet sich besonders für die Frühlingszeit, wenn frisches grünes Laub an den Bäumen sprießt.
Die Kinder suchen einen Baum mit einer dünnen, glatten Rinde aus, z.B. eine Birke oder eine junge Buche. Die Spielleitung zeigt den Kindern das Stethoskop und erklärt, wie man es benutzt. Anschließend demonstriert sie am Herzschlag eines der Kinder, was über die Membran zu hören ist. Alle Kinder dürfen einmal lauschen. Dann setzen die Kinder das Stethoskop auf die Rinde eines Baumes. Was können sie hören?
Das von den Baumwurzeln aufgenommene Wasser strömt zu den Blättern und versorgt sie mit Nährstoffen. Dieses Geräusch ist mit dem Stethoskop deutlich zu hören.

Wasserhörrohr

Alter: ab 4 Jahren
Material: Haushaltstrichter, Kunststoffrohr (ist im Baumarkt erhältlich), stabiles Klebeband, Wasserwanne

Der Trichter wird mit dem Klebeband an einem Ende des Kunststoffrohrs befestigt. Die Kinder bilden Paare. Ein Kind hält das Hörrohr in die Wasserwanne, das andere Kind bewegt das Wasser mal langsam, mal schnell. Durch das Hörrohr sind die Geräusche gut wahrzunehmen.
Variante: Sehr spannend ist es, mit dem Wasserhörrohr am Bach zu experimentieren. Hält man es hier ins Wasser, können die Kinder je nach Fließgeschwindigkeit ganz unterschiedliche Wassergeräusche hören.

Wo wird geschüttet?

Wahrnehmungsübung

Alter: ab 4 Jahren
Material: für jedes Kind ein Becher, Wasser, Augenbinde

Die Kinder stehen draußen im Kreis mit einem Becher in der Hand. Ein Kind steht mit verbundenen Augen in der Kreismitte.
Die Spielleitung füllt einem Kind Wasser in seinen Becher. Das Kind schüttet das Wasser in den Becher seines Nachbarn usw. Während des Schüttens erlauscht das Kind in der Mitte, an welcher Stelle im Kreis gerade geschüttet wird. Rät es richtig, werden die Rollen getauscht und ein neues Kind stellt sich in die Mitte.

Steinmusik

Experimentieren

Alter: ab 3 Jahren
Material: dicke Steine, Kiesel, kleine Steinchen, Stöcke

Im Außengelände – auf Stein- oder Gehwegplatten – probieren die Kinder aus, welche Geräusche und Töne sie mit verschiedenen Steinen erzeugen können:
- Steine aus unterschiedlicher Höhe auf Steinplatten fallen lassen
- Steine gegeneinander schlagen
- mit einem Stock in Kieselsteinen rühren
- mit Steinen über die Bodenplatten reiben
- kleine Steinchen aus der Hand auf den Boden rieseln lassen
- Steine über den Boden kullern lassen

Die Kinder denken sich noch andere Möglichkeiten für ,Steinmusik' aus.

119

Tiergeräusche

Der Specht

Fingerspiel

Tack, tack, tack, tack, tack.
Hört mal, wie es schallt
durch den grünen Frühlingswald.
Am Stamm von einem Baum

Die Hand an das Ohr halten.

Die Hand mit gespreizten Fingern nach oben halten und hin und her drehen.

sitzt ein Specht, du siehst ihn kaum.

Der Zeigefinger der anderen Hand tickt gegen den Baum.

Tack, tack, tack, tack, tack,
Er hackt mit seinem Schnäbelein
in den Stamm ein Loch hinein.
Sechs winzig kleine Eierlein
legt er in das Loch hinein.
Piep, piep, piep, piep, piep
singen die Vogelkinder bald,
im Nest im grünen Frühlingswald.

Daumen und Zeigefinger bilden einen Kreis. Mit beiden Händen ein Ei formen.

Daumen und Zeigefinger deuten einen Vogelschnabel an und gehen auf und zu.

Specht-Spiel

Wahrnehmungsübung

Alter: ab 4 Jahren
Material: für jeden Mitspieler zwei kurze dicke Stöcke

Die Kinder bilden Paare und spielen Specht. Jedes Kind hat zwei Stöcke. Miteinander überlegen sie einen Specht-Trommelrhythmus, der gut zu erkennen ist, und probieren ihn aus. Dann verteilen sich alle Kinder im Raum oder auf dem Außengelände. Die Spielleitung zeigt auf ein Kind, es beginnt seinen Rhythmus mit den Stöcken zu klopfen und wartet auf Antwort von seinem Partner. Finden alle Spechtkinder ihren Partner?

Das Schwein Jolande entdeckt die Nacht   Geräuschgeschichte

Alter: ab 3 Jahren
Material: verschiedene Klang- und Rhythmusinstrumente

Die Spielleitung liest die Geschichte einmal vor. Dabei ahmen die Kinder mit ihrer Stimme die einzelnen Tierlaute und Geräusche nach.
Gemeinsam überlegen die Kinder in einem zweiten Schritt, mit welchen Instrumenten die Geräusche in der Geschichte dargestellt werden können. Anschließend begleiten die Kinder das Vorlesen mit den verschiedenen Klang- und Rhythmusinstrumenten:

Es ist Abend geworden. Die Tiere im Stall fressen gerade ihr letztes Futter, bevor sie sich schlafen legen. Sie schmatzen und kauen fröhlich vor sich hin. Dann wünschen sie sich alle eine gute Nacht, jedes Tier in seiner Sprache: Die Katze miaut, der Hund bellt, die Kühe muhen, die Schweine grunzen, die Schafe blöken, die Ziegen meckern, der Hahn kräht und die Enten quaken ...

Ein Gähnen geht durch den Stall, und schon hört man die ersten Tiere schnarchen. Nur Jolande, das Ferkel, ist noch wach. Es ist noch jung und schrecklich neugierig. Es hat sich vorgenommen, heute die Nacht kennenzulernen.

Nur niemanden aufwecken, denkt es und tippelt mit kleinen Schritten aus dem Stall. Die Türe knarzt und quietscht. Draußen ist es sehr dunkel und still. Nur eine Mücke surrt an Jolandes Ohr. In der Ferne fährt ein Auto vorbei und irgendwo klingelt ein Telefon.

Jolande läuft über den Hof, es ist niemand zu sehen, mit dem sie spielen kann.

Doch überall hört Jolande Geräusche, die sie am Tag noch nie gehört hat – hier ein Rascheln, dort ein Knacken und Knistern.

Es werden doch wohl keine Gespenster sein, denkt Jolande. Aber nein, es ist nur der Wind, der durch die Bäume rauscht. Was ist das? Ein Schatten hinterm Baum? Doch ein Gespenst? Jolande zittert am ganzen Körper und sogar die Zähne klappern aufeinander. So schnell es kann, läuft das Ferkel zum Stall zurück.

Die Türe quietscht und Jolande schleicht zu ihrem Schlafplatz. Bloß niemanden aufwecken, doch dann muss Jolande plötzlich niesen. Alle Tiere im Stall sind mit einem Schlag hellwach. Mit der Nachtruhe ist es nun vorbei ... die Katze miaut, der Hund bellt,

die Kühe muhen, die Schafe blöken, die Schweine grunzen, der Hahn kräht, die Ziegen meckern, die Enten quaken ... Doch das kann Jolande nicht mehr stören. Das Ferkel ist von seinem nächtlichen Ausflug so müde geworden, dass es sofort tief und fest eingeschlafen ist. Nur die Ohren zucken noch im Schlaf. Wovon träumt Jolande wohl?

Regina Bestle-Körfer

Vogelalarm

Alter: ab 4 Jahren
Material: Glockenspiel, Triangel, Trommel

Alle Kinder sind Vögel. Sie flattern munter durch den Bewegungsraum oder über das Außengelände. Aufmerksam lauschen sie den Klängen der folgenden Instrumente und setzen sie in Aktionen um:

- Glockenspiel: Ein Vogel möchte sich mit anderen Vögeln unterhalten. Immer zwei Kinder finden sich zu Paaren zusammen.
- Triangel: Warnsignal vor einer Katze! Ein Kind wird vor Beginn des Spiels zur Katze bestimmt und darf beim Erklingen der Triangel die anderen Kinder fangen. Jedes gefangene Kind wird zur Katze und ist beim folgenden Triangelklang auch ein Fänger.
- Trommel: Es droht Gefahr! Alle Kinder flüchten auf eine Turnbank oder, wenn draußen gespielt wird, aufs Klettergerüst oder einen Baumstamm.

Blütenzauber

Alter: ab 4 Jahren
Material: verschiedene Klang- und Rhythmusinstrumente

Die Kinder hocken sich im Kreis auf den Boden, sie sind Blumen. Einzelne Kinder oder kleine Kindergruppen bekommen den Klang eines Instruments zugeordnet, z. B. Klangstäbe, Holzblock, Glöckchen, Triangel, Flöte, Tamburin usw. Vor Spielbeginn haben sich alle Mitspieler ihren Klang eingeprägt. Ein weiteres Kind spielt nun einen Zaubervogel. Mit dem Rücken zum Kreis greift es zu einem Instrument und spielt eine kleine Tonfolge. Erkennen die Kinder im Kreis ihr Instrument, recken und strecken sie sich und wachsen langsam als Blume in die Höhe.

Überall sind Töne!

Gedicht: Hundertfünfundfünfzig Töne

Hundertfünfundfünfzig Töne,
tiefe, hohe, leise, schöne,
krabbeln in mein Ohr hinein,
laden mich zum Singen ein.
Hokuspokus Klanggewitter,
ohne Wackeln und Gezitter
tanz ich auf die Melodie,
einfach so und irgendwie!

Annemarie Stollenwerk

Kuscheltiertanz   Bewegungsübung

Alter: ab 3 Jahren
Material: CD- Player, flotte Tanzmusik, Kuscheltier

Die Kinder verteilen sich im Gruppen- oder Bewegungsraum. Ein Kind hält das Ku-scheltier in der Hand. Während die Musik läuft, reichen die Kinder das Kuscheltier von Hand zu Hand weiter. Stoppt die Spielleitung die Musik, bleiben die Kinder stehen. Das Kind, das das Kuscheltier noch in der Hand hält, scheidet aus. Wer gewinnt den Kuscheltiertanz? Es folgt eine neue Spielrunde.

Musikbilder   Kreativangebot

Alter: ab 2 Jahren
Material: Maldecke, Malkittel, Tapetenbahnen, Fingerfarbe in verschiedenen Farben, CD- Player, klassische Musik z. B. von Mozart oder Vivaldi

Die Kinder verteilen sich um die Tapetenbahnen. Sie lauschen der Musik und streichen die Farben im Rhythmus der Musik mal schnell, mal langsam über das Papier.

Die fertiggestellten Musikbilder werden im Gruppenraum aufgehängt.

123

Spiellied: Die Geige, sie singet

Text und Melodie: Willy Geissler

Stimme 1

C G G⁷

1. Die Gei - ge, sie sin - get, sie ju - belt und

Stimme 2

2. Die Kla - ri - nett, die Kla - ri - nett macht du-a, du-a, du-a

Stimme 3

3. Die Pau - ke hat's leicht, denn sie spielt nur zwei

Stimme 4

4. Die Trom - pe - te, sie schmet-tert: tä tä tä tä tä tä tä tä tä

Stimme 5

5. Das Horn, das Horn, das ruht sich

C G G⁷ C

klin - get. Die Gei - ge, sie sin - get, sie ju - belt und klingt.

gar so nett. Die Kla - ri - nett, die Kla - ri - nett macht du-a, du-a gar so nett.

Tö - ne: fünf, eins, eins, fünf, bumm bumm bumm bumm bumm.

tä tä tä Die Trom - pe - te, sie schmet-tert: tä tä tä tä tä tä tä tä tä tä.

aus, es bringt nur ei - nen Ton her - aus.

1. Die Geige, sie singet, sie jubelt und klinget
   Die Geige, sie singet, sie jubelt und klingt.

2. Die Klarinett, die Klarinett macht dua, dua, dua gar so nett
   Die Klarinett, die Klarinett macht dua, dua gar so nett.

3. Die Pauke hat's leicht, denn sie spielt nur zwei Töne
   Fünf, eins, eins, fünf bum bum bum bum bum

4. Die Trompete, sie schmettert tä tä tä tä tä tä tä tä tä tä tä tä
   Die Trompete, sie schmettert tä tä tä tä tä tä tä tä tä tä.

5. Das Horn, das Horn, das ruht sich aus.
   Es bringt nur einen Ton heraus.

Anleitung zum Spiellied:

Zunächst singt die Spielleitung mit den Kindern die einzelnen Instrumentenstimmen.
In kleine Gruppen aufgeteilt üben die Kinder anschließend eine der Stimmen.
Das Spiellied ist so komponiert, dass alle Stimmen harmonisch zueinander passen und
allle gleichzeitg gesungen werden können.

Bimm, bamm, bommel

Bewegungsübung

Alter: ab 2 Jahren

Bimm, bamm, bommel,	*Mit der flachen Hand auf den Tisch oder den Boden schlagen.*
die Katze schlägt die Trommel,	*Mit der flachen Hand auf den Tisch oder den Boden schlagen.*
zehn kleine Mäuse tanzen Ringelreihen,	*Die Finger auf Tisch oder Boden „tanzen" lassen.*
und die ganze Erde donnert laut dabei, hei!	*Mit der Faust auf Tisch oder Boden trommeln. In die Hände klatschen.*

Trommeln bauen

Kreativangebot

Alter: ab 3 Jahren
Material: dicke Pappröhren (z. B. von Teppichrollen), Buntstifte, Papierschnipsel, Kleber, starkes Pergament oder Plastikfolie, Einmachgummis

Die Kinder bemalen Pappröhrenstücke mit bunten Mustern oder bekleben sie mit Papierschnipseln. Dann wird ein Stück Pergament oder Plastikfolie mit einem Einmachgummi stramm über die Röhre gespannt.

Trommelwirbel

Musik- und Bewegungsübung

Alter: ab 4 Jahren
Material: viele selbst gebaute Trommeln

Die Kinder probieren ihre Trommeln aus: über das Trommelfell kann man streichen, mit den Fingern schnipsen oder reiben und man kann natürlich darauf schlagen.
Die Kinder senden sich Trommelbotschaften: Ein Kind beginnt, es schlägt einen Rhythmus vor, das nächste Kind nimmt den Rhythmus auf, und so folgen alle, bis die ganze Gruppe trommelt.
Anschließend „ruft" ein Kind mit einem bestimmten Trommelrhythmus und alle anderen „antworten" ihm.
Ist der Trommelwirbel so richtig in Schwung gekommen, tanzen einige Kinder zum Rhythmus der Trommeln.

Riechen und Schmecken

6. Der Geruchs- und Geschmackssinn (Olfaktorischer und gustatorischer Sinn)

Riechen

Um die 22. Schwangerschaftswoche entwickelt sich der Geruchssinn und ist bei der Geburt voll funktionsfähig. Ein Neugeborenes erkennt seine Mutter am Geruch. Beim Kuscheln, Beruhigen, Stillen, Füttern und Wickeln wird das feine Sinnessystem der Nase weiter angeregt und die Bindung zwischen Kind und Mutter intensiviert. Auch der individuelle, vertraute Geruch von Kuscheltier und Schmusedecke vermittelt Kindern ein Gefühl von Sicherheit und Geborgenheit.

Mit jedem Atemzug gelangen Geruchs- und Aromastoffe als chemische Reize in die Nase. Millionen winziger Riechzellen leiten über Nervenbahnen die gewonnenen Informationen an das Gehirn weiter. Im Limbischen System, das zugleich auch als die Steuerzentrale für Emotionen gilt, werden sie mit Erinnerungen verknüpft und lösen entweder positive oder negative Erinnerungen und Gefühle aus. Das Duftgedächtnis des Menschen funktioniert lebenslang, nimmt jedoch mit zunehmendem Alter etwas ab. Manche Alterskrankheit geht mit dem kompletten Verlust des Geruchssinns einher. Der Geruch von Feuer ist im Gehirn evolutionär mit einer Angst- und Fluchtreaktion verbunden, und auch beim Geruch verdorbener Speisen erfolgt vom Gehirn die Warnung: Achtung, Gefahr, nicht verspeisen!

Riechen und Wohlgefühl sind eng miteinander verbunden. Für zwischenmenschliche Beziehungen haben Gerüche eine wichtige Bedeutung: sie entscheiden darüber, ob wir „jemanden gut riechen können" oder ihm lieber nicht zu nahe kommen. Die Wirkung heilender Duftstoffe aus ätherischen Ölen, gewonnen von Kräutern und Heilpflanzen, kann sich belebend oder entspannend auf den Körper auswirken und wird erfolgreich zur Verbesserung des Konzentrationsvermögens eingesetzt.

In der Natur können die Kinder durch alle Jahreszeiten hindurch spannende Duftabenteuer erleben: den erdigen Geruch des Waldes, den Duft der Wiesen nach einem warmen Sommerregen, den Duft von Tannengrün, gebackenen Plätzchen und geschälten Mandarinen in der Weihnachtszeit ...

Der Geruchssinn bereitet auch das Schmecken vor, wenn der angenehme Geruch einer gekochten Speise so richtig Lust aufs Essen macht. Und das Schmecken wird durch zeitgleiches Riechen zum wahren Genuss, was bei einem Schnupfen, der mit dem Verlust des Geruchssinns einhergeht, erst richtig deutlich wird.

Schmecken

Die Geschmacksknospen auf der Zunge sind etwa ab dem 3. Schwangerschaftsmonat ausgebildet und ermöglichen schon im Mutterleib das Schmecken. Neugeborene verfügen bereits über eine große Zahl an Geschmacksrezeptoren. Sie befinden sich in den Papillen auf der Zunge. An der Zungenspitze liegt die Geschmacksempfindung „süß", im hinteren Zungenbereich wird die Geschmacksqualität „bitter" registriert, an den seitlichen Rändern der Zunge „salzig" und „sauer". Dabei entstehen aber nur etwa 20 Prozent der Geschmacksempfindungen auf der Zunge, die anderen 80 Prozent werden über Duft- und Aromastoffe mit der Nase aufgenommen. Das erklärt, warum bei Schnupfen das Geschmacksempfinden beeinträchtigt ist. Beim Kauen und Einspeicheln der Nahrung gelangen die flüchtigen Bestandteile über den Rachen in die Nasenhöhle. Dort werden sie von den Riechsensoren wahrgenommen. Die Informationen von Schmeck- und Riechsystem werden im Gehirn zusammengeführt und zum eigentlichen Geschmackserlebnis verknüpft.

Kindern ist eine Vorliebe für Süßes angeboren. Auch die Muttermilch ist süß. Süße steht für ein ausreichendes Maß an Kohlenhydraten, für Säuglinge zunächst ein wichtiger Energielieferant, der sättigt. Durch immer wieder angebotene vielfältige Geschmacksqualitäten, z. B. unterschiedliche Obst- und Gemüsesorten, verschiedene Brotsorten und Kräuter, entwickeln Kinder ihre Geschmacksrezeptoren im Mund ständig weiter. Das heutige Nahrungsangebot für Kinder enthält viele künstliche Aromen und Geschmacksstoffe, die die Geschmacksentwicklung in ihrer Vielfalt sehr einschränken. Daher ist es von besonderer Bedeutung, Kinder an den natürlichen Geschmack von unverarbeiteten Lebensmitteln gezielt heranzuführen und zu gewöhnen, auch indem sie an der Zubereitung von Speisen beteiligt werden.

Auf Nasenentdeckungsreise

Meine Nase

Wahrnehmungsübung

Alter: ab 4 Jahren

Die Kinder sitzen im Stuhlkreis. Sie betasten ihre Nase und fahren die Konturen mit dem Finger nach: die Nasenwurzel, die Nasenspitze, die beiden Nasenflügel, den Nasenrücken, die Nasenlöcher.

Gemeinsam überlegen sie, was die Nase alles kann: riechen, schnuppern, schnüffeln, „laufen" (wenn man Schnupfen hat). Die Kinder können durch die Nase atmen, die Nase rümpfen (wenn ihnen etwas nicht gefällt), näseln (durch die Nase sprechen), die Nase hochziehen ...

Nasenentdeckungsreise

Wahrnehmungsübung

Alter: ab 4 Jahren

Die Kinder sitzen im Morgenkreis. Sie gehen auf Nasenentdeckungsreise. Die Spielleitung spricht die folgenden Verse vor und bedeckt die entsprechenden Nasenteile mit den Händen. Dann sprechen die Kinder den Vers gemeinsam nach und führen auch die Bewegungen aus. Bei den Worten „Ei, da ist die Nase wieder!" werden die Hände weggenommen, bei „Tralalalala!" klatschen alle in die Hände.

1. Meine Nase ist verschwunden,
ich habe keine Nase mehr.
Ei, da ist die Nase wieder,
trala lalala!

2. Meine Nasenwurzel ist verschwunden ...
3. Meine Nasenflügel sind verschwunden ...
4. Meine Nasenlöcher sind verschwunden ...
5. Meine Nasenspitze ist verschwunden ...
6. Meine Sommersprossen sind verschwunden ...
7. Meine ganze Nase ist verschwunden ...

Nasen raten

Alter: ab 4 Jahren
Material: altes Bettlaken, Schere

Die Spielleitung schneidet ein kleines Loch in das Betttuch – eben so groß, dass eine Kindernase gut hindurchpasst. Zwei Kinder halten das Tuch gespannt.
Etwa fünf Kinder stehen mit der Spielleitung hinter dem Tuch, alle anderen sitzen im Halbkreis vor dem Tuch.
Die Spielleitung zeigt schweigend auf ein Kind, dieses steckt seine Nase durch das Loch, und die anderen Kinder raten, welchem Kind die Nase gehören könnte.
Variante: Als Einstimmung auf das Spiel und um das Raten zu erleichtern, betrachten die Kinder im Stuhlkreis gegenseitig ihre Nasen. Gibt es auffällige Merkmale, an denen sich die Nasen gut unterscheiden lassen?

Geschickte Nasen

Alter: ab 5 Jahren
Material: Streichholzschachteln

Die Kinder sitzen im Morgenkreis und testen ihre Nasengeschicklichkeit. Dazu nimmt die Spielleitung die Umhüllung einer Streichholzschachtel, biegt sie etwas auf und steckt sie sich auf die Nase. Dann gibt sie die Streichholzschachtel, ohne dabei die Hände zu Hilfe zu nehmen, an das Kind neben ihr weiter. So wandert die Streichholzschachtel im Kreis herum, und mit ein bisschen Übung geht es immer schneller!

Rätsel

*Es hat zwei Flügel
und kann nicht fliegen,
es hat einen Rücken
und kann nicht liegen,
es hat ein Bein
und kann nicht stehen
und wenn es läuft ist es nicht schön.
Was ist das?*

Lösung: Die Nase

131

Gedicht: Der SchnupfenNasenHase

Ich bin ein kleiner Schnupfenhase
mit einer roten Schnupfennase.

Ein Taschentuch in meiner Hand
begrüß ich euch im Schnupfenland.

Die Nase läuft, o weh, o weh,
und tropft mir auf den dicken Zeh.

Jetzt kribbelt es und eins, zwei, drei,
beginnt die große Nieserei!

Ich bin ein kleiner Schnupfenhase
mit einer roten Schnupfennase.

Ich hoffe, es ist bald vorbei
mit der Nasenschnupferei!

Annemarie Stollenwerk

Bemalte Schnupfentücher

Kreativangebot

Alter: ab 3 Jahren
Material: weiße Stofftaschentücher (am besten vorgewaschen), Stoffmalstifte, Maldecke, Bügeleisen und Bügelbrett

Auf dem Tisch wird die Maldecke ausgebreitet und jedes Kind bekommt ein Taschentuch. Ganz nach Lust und Laune bemalen die Kinder mit den Stoffmalstiften das Taschentuch. Vielleicht findet ja auch der kleine Schnupfenhase einen Platz auf dem Tuch.
Die Spielleitung fixiert die Stoffmalfarbe gemäß der Herstellerangabe mit dem Bügeleisen.
Aus den fertigen Schnupfentüchern lässt sich in der Hand ein Hase mit zwei langen Ohren formen. Die Kinder können mit Bewegungen das Gedicht vom SchnupfenNasenHasen begleiten.

Was riecht denn da?

Ein Schnupperspaziergang

Wahrnehmungsübung

Alter: ab 3 Jahren

Mit der Spielleitung machen die Kinder einen Schnupperspaziergang. Bevor es losgeht, wecken die Kinder die Nase auf: Sie ziehen ein wenig an der Nase, drücken sie ein bisschen zusammen und streichen sanft über die beiden Nasenflügel ... nun ist die Nase bereit!

Die Kinder gehen z.B. durch eine Siedlung, an der Straße entlang, über den Spielplatz, an Geschäften vorbei, über eine Wiese, durch den Wald usw. Zurück in der Einrichtung erzählen die Kinder im Stuhlkreis von ihren Riecherlebnissen und suchen nach Worten für das, was sie gerochen haben, z.B. Stinke-Geruch, Blumenduft, Grün-Schnupper.

Variante: Den Spaziergang zu unterschiedlichen Jahreszeiten wiederholen. Wie duftet der Frühling mit seinen frischen Blüten und Blumen? Wie riecht der Sommer, wenn es draußen heiß ist oder gerade ein Gewitterregen vom Himmel geprasselt ist? Wie riecht es im Herbst, wenn der Wind durch die Bäume heult und wie der Winter, wenn es kalt und frostig ist?

Was ist das?

Ratespiel

Alter: ab 4 Jahren
Material: Naturmaterialien wie Erde, Lehm, Gras, Heu, Blumen, Holz, Rinde usw., Blumenuntersetzer, Augenbinde

Die Spielleitung verteilt die Naturmaterialien auf die Blumenuntersetzer und stellt sie in die Kreismitte. Gemeinsam betrachten und benennen die Kinder, um welche Natur-materialien es sich handelt.

Dann beginnt die Raterunde: Ein Kind bekommt die Augen verbunden, ein anderes wählt einen Untersetzer aus und hält es dem Kind vorsichtig unter die Nase. Was ist das?

Die Kinder und die Spielleitung geben kleine Hilfestellungen, wenn das Erschnuppern zu schwierig ist. Dann ist die nächste Schnuppernase an der Reihe.

Schnupper-Detektive

Alter: ab 4 Jahren
Material: Tonkarton, Bleistifte, Scheren, Kleber, Wattepads, verschiedene naturreine Duftöle wie z. B. Lavendel, Orange, Zimt, naturreines Zitronenduftöl

Die Kinder malen auf den Tonkarton den Blütenkopf einer Blume und schneiden ihn aus. Mit etwas Kleber befestigen sie einen Wattepad in der Mitte der Blüte. Dann werden die Wattepads mit den verschiedenen Duftölen beträufelt. Nur eine einzige Blüte duftet frisch nach Zitronenöl. Die Spielleitung verteilt alle Blüten im Raum oder im Außengelände. Dann ziehen die Kinder als Schnupperdetektive los und suchen die duftende Zitronenblüte.

Zaubertropfen

Alter: ab 5 Jahren
Material: kleine Marmeladengläser mit Deckel, Sonnenblumenöl, Haarsieb, kleine Flaschen mit Verschluss, duftende Blätter von Rose, Veilchen, Pfingstrose oder duftende Kräuter wie Zitronenmelisse, Lavendelblüten, Rosmarinnadeln, kleine Klebeetiketten, Filzstift

Aus den bereitgestellten Materialien stellen die Kinder Zauberparfum her. Dazu gießen sie eine kleine Tasse Sonnenblumenöl in das Marmeladenglas und geben dann je nach Duftvorliebe einige Blüten und Kräuter dazu. Dann wird das Glas verschlossen. Eine Woche lang muss das Glas nun einmal am Tag kräftig geschüttelt werden.
Dann gießen die Kinder ihr Zauberparfum durch das Sieb und füllen es in kleinen Flaschen ab. Sie denken sich für ihr Zauberparfum einen besonderen Namen aus. Vielleicht heißt es Kräuterschnupper, Hokuspokus oder Lilalauneparfum?
Die Spielleitung schreibt die Parfumnamen auf Etiketten, die kleben die Kinder dann auf ihre Flaschen.

Wie Tiere riechen

Fantasiereise Düfte

Alter: ab 3 Jahren
Material: Decken oder Matten, leise Entspannungsmusik, Duftlampe und naturreines Duftöl nach Belieben

Die Kinder legen sich auf Decken oder Matten in Rückenlage. Sie schließen die Augen und die Spielleitung beginnt zu erzählen:

Auf einer Sommerwiese herrscht lautes Gesumme und Gebrumme. Bienen fliegen von Blüte zu Blüte, schnuppern an Löwenzahn, Margeriten, Mohn und Kornblumen und lassen sich den Nektar der Pflanzen gut schmecken.
Nur die Biene Florentine möchte nicht nur Wiesenduft schnuppern. Sie träumt von anderen Düften und Gerüchen:

Stell dir vor, du bist die Biene Florentine.
Du fliegst über eine Wiese davon Richtung Wald.
Hier zwischen den Bäumen ist es ein bisschen kühl.
Du schnupperst am Moos und an einer Regenpfütze. Es riecht erdig.
Hinter dem Wald beginnt die Stadt.
Du summst durch kleine Straßen. Es duftet nach Grillwürstchen und frisch gewaschener Wäsche.
Die Straßen werden enger, die Häuser höher.
Aus einer Bäckerei zieht der Duft von frisch gebackenem Brot und süßen Hefebrötchen – mmh, lecker!
An der nächsten Straßenecke staut sich der Verkehr.
Viele Autos stehen dort, es stinkt nach Abgasen – puh!
Und was ist das? In einem Garten mäht eine Frau mit einem lärmenden Gerät den Rasen – doch es duftet so vertraut. Du erinnerst dich an den Wiesenduft zu Hause.
Und mit einer Nase voll von neuen Düften und Gerüchen fliegst du nach Hause zu deiner Bienenfamilie.

Die Kinder bleiben noch einen Moment still liegen. Dann bittet die Spielleitung sie, sich zu räkeln und zu strecken, einmal die Hände zu Fäusten zu ballen, sie wieder zu öffnen und langsam aufzustehen.

Nachtfalterspiel

Wahrnehmungsübung

Alter: ab 4 Jahren
Material: Watte, verschiedene Duftstoffe, z.B. naturreines Lavendel-, Rosen-, Fichtennadel-, Orangen- oder Zitronenöl u. Ä.

Die Kinder verwandeln sich in Nachtfalter. Im Gegensatz zu den bunten Tagschmetterlingen erkennen sich die Nachtfalter nicht an den Mustern und Farben, sondern nur am Duft.
Jedes Kind bekommt einen Wattebausch mit einem bestimmten Duft. Immer zwei Düfte sind doppelt vorhanden. Die Kinder flattern wie Nachtfalter mit den Duftwattebäuschen durch den Raum oder über das Außengelände und versuchen, ihren Partner durch ausgiebiges Schnuppern zu finden.

Ameisen-Familienduft

Wahrnehmungsspiel

Alter: ab 4 Jahren
Material: 5 leere Filmdöschen, Watte, 5 verschiedene naturreine Duftöle, z.B. Zitrone, Orange, Lavendel, Rosmarin und Pfefferminz

In diesem Wettspiel für Spürnasen müssen sich fünf Ameisenfamilien an ihrem ganz speziellen Familienduft erkennen.
Dazu bestückt die Spielleitung die fünf Filmdöschen mit einem Wattebausch und den verschiedenen Düften. Fünf Kinder werden ausgewählt und verstecken ihr Filmdöschen im Raum oder im Außengelände. Die anderen Kinder werden in vier bis fünf Gruppen eingeteilt. Sie bekommen von der Spielleitung ebenfalls einen Wattebausch mit einem der schon versteckten Düfte. Durch intensives Schnuppern machen sie sich auf die Suche nach dem Duft ihrer Ameisenfamilie.
Welche Gruppe hat sich zuerst um den richtigen Duft versammelt?

Kräuter- und Blütenduft

Kräutergärtchen anlegen
Kreativangebot

Alter: ab 4 Jahren
Material: freies Beet im Außengelände oder mehrere große Blumentöpfe, Harke, Blumenerde, Kräutersamen wie z. B. Kresse, Schnittlauch, Basilikum, Dill; Sprühflasche, Wasser, Frischhaltefolie, Holzspatel, wasserfester Filzstift

Die Kinder harken das Beet im Außengelände oder füllen die Blumentöpfe mit Blumenerde. Dann streuen sie – wie auf den Samentütchen beschrieben – die Kräuter auf die Erde und bedecken sie, je nach Sorte, noch einmal mit einer dünnen Schicht Erde. Mit Wasser aus der Sprühflasche werden die Samen in der Erde gut angefeuchtet. Auf die Holzspatel schreibt die Spielleitung mit Filzstift den Namen des jeweiligen Krautes und steckt sie in die Töpfe.
Um ein wenig „Treibhausklima" zu erzeugen, können die Kinder die Töpfe auch mit Frischhaltefolie abdecken.
Wie lange dauert es, bis sich das erste Grün zeigt? Sind die Kräuterpflänzchen kräftig gewachsen, werden sie von den Kindern vorsichtig auf mehrere Töpfe verteilt und ihr weiteres Wachstum bis zur Ernte beobachtet.
Tipp: Direkt ins Freiland können Kräutersamen erst ab Mitte Mai; ist dieser Zeitpunkt ungünstig, werden die Samen auf einer hellen Fensterbank drinnen vorgezogen und später nach draußen gepflanzt.

Kresse-Buchstaben
Kreativangebot

Alter: ab 4 Jahren
Material: für jedes Kind einen Blumenuntersetzer, Blumenerde, Sprühflasche, Wasser

Jedes Kind füllt einen Blumenuntersetzer mit Erde. Mit dem Finger zeichnen die Kinder den Anfangsbuchstaben ihres Namens auf die Erde und drücken ihn flach, so dass er gut zu erkennen ist. In die entstandene Furche streuen die Kinder Kressesamen und besprühen sie anschließend gut mit Wasser. In den kommenden Tagen halten die Kinder die Samen schön feucht und dann beginnen die Buchstaben aus der Erde zu sprießen!
Variante für ältere Kinder: Mit den entstandenen Buchstaben lassen sich vielleicht auch kurze Wörter legen, z. B. Sonne oder Wiese.

Kräuter raten

Alter: ab 4 Jahren
Material: verschiedene duftende Gartenkräuter (aus eigenem Anbau oder aus der Gärtnerei) z. B. Zitronenmelisse, Rosmarin, Thymian, Petersilie, Schnittlauch, Pfefferminze, Liebstöckel (Maggikraut), Augenbinde

Auf einem Tisch stehen die Töpfe mit den verschiedenen Kräutern. Die Kinder betrachten zunächst die Blätter und Blüten der Kräuter, zerreiben sie zwischen den Fingern und prägen sich den Geruch und evtl. auch den Namen ein.
Dann verbindet die Spielleitung einem Kind die Augen. Ein anderes Kind führt es zu einem Kräutertopf und lässt es dort schnuppern: Welches Kraut verbreitet seinen Duft?

Kräutertee selbst gemacht

Kulinarisches

Alter: ab 3 Jahren
Material: frische Zitronenmelisse, Pfefferminze und Salbei, Wasserkocher, Wasser, Tassen, Löffel, Wollfaden, Papiertüten, Filzstift

Die Spielleitung erhitzt im Wasserkocher Teewasser. Die Kinder wählen ein Kraut aus, zupfen einige Blätter ab, waschen sie unter fließendem Wasser kurz ab und legen sie in eine Tasse. Die Spielleitung gießt heißes Wasser dazu, dann müssen die Blätter fünf bis zehn Minuten ziehen. Anschließend entfernen die Kinder die Blätter mit einem Löffel und der Tee ist trinkfertig.
Variante: Die Kinder schneiden die Kräuter stängelweise und binden sie mit dem Wollfaden zu kleinen Büscheln zusammen. Die Büschel trocknen an einer Leine an einem hellen, warmen, luftigen Ort. Dann werden sie grob zerkleinert und die Kinder füllen sie in Papiertüten. Die Spielleitung schreibt den Namen des Kräutertees auf die Tüte. Aus den trockenen Kräutern kann nun das ganze Jahr über leckerer Kräutertee gekocht werden.

Kräuterkarten

Alter: ab 4 Jahren
Material: weiße oder pastellfarbige Karten aus Tonkarton, grüne dickflüssige Farbe
(z. B. Temperafarbe), Borstenpinsel, Zeitungspapier, Maldecke, Wäscheleine, Wäscheklammern, verschiedene Kräuterstiele

Die Kinder bestreichen einen Kräuterstiel mit grüner Farbe und legen ihn vorsichtig
auf die Karte. Dann decken sie die Karte mit einem mehrfach gefalteten Stück Zeitung
ab und drücken mit der Handfläche fest darauf. Die Zeitung herunternehmen und den
Kräuterstiel langsam von der Karte ziehen. Den Kräuterabdruck hängen die Kinder
zum Trocknen mit Wäscheklammern an die Wäscheleine.

Blütenpotpourri

Alter: ab 3 Jahren
Material: Blätter von frischen Rosen und Pfingstrosen, Lavendelblüten, eine große
Schüssel, evtl. einige Tropfen naturreines Rosen- oder Lavendelöl

Die Kinder füllen eine große Schüssel mit gesammelten Rosen- und Pfingstrosenblät-
tern und Lavendelblüten. Mit beiden Händen mischen sie der Reihe nach die duftende
Mischung durch. Auch an den Händen bleibt etwas von dem Duft hängen.
Täglich werden die Blätter nun gewendet und vorsichtig durchgemischt, bis sie voll-
ständig getrocknet sind. In eine flache Schale gefüllt sorgen sie im Gruppenraum für
angenehmen Duft. Mit einigen Tropfen naturreinem Rosen- oder Lavendelöl lässt sich
der Duft immer wieder auffrischen.

Rosenblätterketten

Alter: ab 4 Jahren
Material: frische Rosenblätter, feiner Silber- oder Kupferdraht, Perlen, Schere, langes
Satinband

Mit der Schere schneiden die Kinder vom Draht 50 bis 70 cm lange Stücke zurecht und
knoten eine Perle am Ende fest. Mit der offenen Seite des Drahtes fädeln die Kinder
wie mit einer Nadel ganz nach Belieben Rosenblätter und Perlen auf. Am Ende wird
der Draht zu einer Öse gebogen: Mehrere Rosenblätterketten werden auf das Satinband
gefädelt und im Raum oder am Fenster aufgehängt.

Duftendes Naturpapier

Alter: ab 5 Jahren
Material: engmaschiges Fliegengitter, Schere, Zeitungen, Eierkartons oder Papierservietten, große Schüssel, Wasser, Pürierstab, Farbpigmentpulver, Lavendelblüten, Rosenblätter, Rosmarinnadeln usw., Blumensamen, Schwammtücher, alte Handtücher, Nudelholz, Wäscheleine, Wäscheklammern

Die Kinder reißen Zeitungen, Papierservietten oder Eierkartons in kleine Schnipsel und legen sie in eine Schüssel mit lauwarmem Wasser. Die Masse muss über Nacht stehen.

Am nächsten Tag pürieren die Kinder mit Unterstützung durch die Spielleitung den entstandenen Papierbrei. Er darf nicht zu dick sein, eventuell muss noch ein wenig Wasser zugegeben werden. Der Papierbrei kann mit Farbpigmentpulver nachgefärbt werden.

Aus dem Fliegengitter schneiden die Kinder etwa postkartengroße Stücke. Sie legen das Gitter auf die Handfläche und fahren damit langsam durch den Papierbrei, der an den feinen Maschen hängenbleibt. Vorsichtig heben sie dann das Gitter aus der Schüssel.

Wer mag, legt nun Lavendelblüten, Rosenblätter, Rosmarinnadeln oder Blumensamen darauf und gibt noch ein bisschen Papierbrei darüber.

Auf den Tisch kommt ein dickes Frottehandtuch, darauf ein saugfähiges Schwammtuch. Auf dieses Tuch wird das Gitter mit dem Papierbrei nun gelegt und mit einem weiteren Schwammtuch abgedeckt. Mit dem Nudelholz rollen die Kinder fest über die Tücher und pressen so das überschüssige Wasser heraus. Das Papier lässt sich jetzt vom Gitter abziehen.

Zum Trocknen hängen die Kinder es an eine Wäscheleine.

Die duftenden Papierstücke werden zu Briefkarten. Kleine Papierstücke, in die Blumensamen eingearbeitet sind, hängen die Kinder an ein schönes Band und verschenken sie mit kleinen, erdegefüllten Tontöpfen.

Allerlei feine Gerüche

Gewürzsammlung   Wahrnehmungsübung

Alter: ab 5 Jahren
Material: viele verschiedene Küchengewürze, ganz oder in Pulverform, z. B. Nelken, Muskat, Zimt, Vanilleschoten, Paprika, Curry, Chili, Kreuzkümmel, Thymian, Rosmarin, Dill usw.

Die Spielleitung besorgt verschiedene Gewürze Sie werden auf einem Tisch ausgebreitet.
Die Kinder betrachten und erschnuppern die verschiedenen Gewürze und sortieren sie nach angenehm und weniger angenehm; welches Gewürz wird von allen Kindern gemocht und welches überhaupt nicht?

Gewürzplätzchen backen   Kulinarisches

Alter: ab 3 Jahren
Material: 300 g Butter, 100 g Honig, 2 Eier, 1 Prise Salz, 1 Teelöffel Zimt, ½ Teelöffel gemahlene Nelken, ½ Teelöffel gemahlene Vanille, ¼ Teelöffel gemahlenen Muskat, 450 g Weizen (fein gemahlen), 100 g gemahlene. Mandeln, Schüssel, Nudelholz, Ausstechförmchen, Backpapier, Kuchengitter

Die Kinder backen Gewürzplätzchen: Butter mit Honig und Eiern schaumig rühren. Salz und Gewürze mit Mehl und Mandeln vermischen, dann zur Schaummasse geben. Alles zuerst mit einem großen Holzlöffel vermengen, dann mit den Händen zu einem geschmeidigen Teig verkneten. Den Teig eine Stunde im Kühlschrank ruhen lassen. Die Kinder rollen den Teig auf wenig Mehl aus und stechen verschiedene Formen aus. Sie werden auf ein Backblech mit Backpapier gelegt. Bei 200° im Ofen ca. 10–12 Minuten goldgelb backen. Ein intensiver, würziger Duft strömt durch den Raum! Die Plätzchen sofort vom Blech nehmen und auf einem Kuchengitter auskühlen lassen. Und dann ist es so weit: die Kinder dürfen vom Selbstgebackenen naschen!

Duftseife selbst gemacht

Kreativangebot

Alter: ab 5 Jahren
Material: unparfümierte Natur- oder Pflanzenseife, Metallschüssel, Haushaltsreibe, Lavendelblüten, ungespritzte Zitronenschale, Rosenblätter, Silikonförmchen oder altes Backblech, Stricknadel, Kordel

Die Kinder reiben auf der Haushaltsreibe die Seife in kleine Stücke und füllen sie in eine Metallschüssel. Im warmen Wasserbad lässt die Spielleitung die Masse schmelzen.
Die Kinder geben Lavendelblüten, kleingerissene Rosenblätter oder den Abrieb einer ungespritzten Zitronenschale hinzu und rühren die Masse vorsichtig um. Dann wird sie in Silikonförmchen gefüllt und härtet darin aus. Schneller geht es, wenn die Form mit der Seifenmasse ca. 15 Minuten in den Kühlschrank gestellt wird.
Variante: Die Spielleitung schüttet die Seifenmasse auf ein altes Backblech. Ist die Masse ein wenig abgekühlt, formen die Kinder daraus kleine Seifenkugeln oder flache Scheiben. Die Scheiben werden mit einer Stricknadel gelocht, dann ziehen die Kinder eine bunte Kordel zum Aufhängen hindurch.

Duftende Schaummassage

Entspannungsübung

Alter: ab 4 Jahren
Material: mehrere Waschschüsseln, lauwarmes Wasser, verschiedene Duftseifen (gibt's im Drogeriemarkt) oder selbst hergestellte Seifen (siehe oben), Handtücher, Entspannungsmusik

Die Kinder bilden Paare und wählen eine Seife mit ihrem Lieblingsduft aus. In einer Waschschüssel schäumen sie zu entspannender Musik schweigend die Seife mit etwas Wasser auf und massieren mit dem duftenden Schaum zunächst die eigenen Hände. Dann schließt eines der Kinder die Augen und sein Partner massiert mit Seifenschaum vorsichtig dessen Hände: die einzelnen Finger, die Handfläche, den Handrücken ... Anschließend wird gewechselt.

Ohne Zunge kein Geschmack

Rätsel

Ich weiß ein Ställchen
mit weißen Gesellchen.
Es regnet nicht rein,
es scheint nicht hinein,
ist aber doch stets nass.
Sage mir: Was ist das?

Lösung: Der Mund

Meine Zunge

Wahrnehmungsübung

Alter: ab 4 Jahren
Material: Schüsselchen mit kleinen Stücken von Apfel, Möhre und Brot, Erdbeeren

Die Kinder sitzen im Morgenkreis. Die Spielleitung lädt sie dazu ein, mit der Zunge den Mundinnenraum zu ertasten:
Lasst eure Zunge bei geschlossenem Mund in eure Wangen wandern. Was fühlt ihr?
Ertastet mit der Zunge den Gaumen oben im Mund und drückt kräftig dagegen.
Wie fühlt sich der Gaumen an?
Wandert mit der Zunge zuerst über die Innenseite der Zähne, dann über die Außenseite. Was spürt ihr?

Dann bekommen die Kinder nacheinander ein kleines Stück Apfel, Möhre, Brot und eine Erdbeere. Ganz bewusst spüren sie zunächst nach, wie sich die Nahrungsmittel auf der Zunge anfühlen. Dann beginnt das genussvolle Zerdrücken, Einspeicheln, Kauen, Schmecken und Hinunterschlucken.
Die Kinder erzählen im Kreis, wie sich die Nahrungsmittel im Mund angefühlt haben und wonach sie beim bewussten Kauen geschmeckt haben.

143

Wo schmeckt was?

Alter: ab 4 Jahren
Material: Salz, Zucker, Zitronensaft, ein Stück Chicorée oder Radicchio, kleine Schüsseln, Wasser, Gläser

Die Kinder sitzen am Tisch. In der Mitte stehen kleine Schüsseln mit Salz, Zucker, Zitronensaft und kleingeschnittenem Chicorée oder Radicchio.
Gemeinsam gehen die Kinder auf Entdeckungsreise. Zunächst tunken die Kinder einen Finger in das Schüsselchen mit Salz. Vorsichtig stecken sie den Finger in den Mund und beobachten: Wo schmecken wir das Salz? Ebenso geht es mit Zucker, Zitronensaft und dem kleingeschnittenen Gemüse. Nach jeder Geschmacksprobe „neutralisieren" die Kinder die Geschmacksknospen auf der Zunge mit einem Schluck Wasser. Am Ende wird deutlich: Süßes schmeckt man an der Zungenspitze, Salziges und Saures an den Zungenrändern und die Geschmacksqualität „bitter" schmeckt man auf dem hinteren Teil der Zunge.
Tipp: Kinder sind bei bitter sehr empfindlich, das sollte die Spielleitung bedenken, wenn sie den Kindern bittere Nahrungsmittel anbietet.

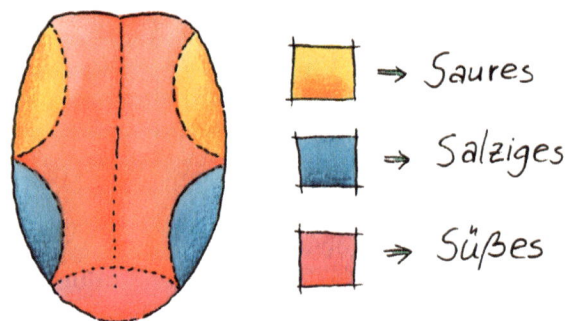

→ Saures
→ Salziges
→ Süßes

Zungenvers

Lenas Zunge wohnt in einem Haus,
schaut ab und zu zum Fenster raus.
Schaut nach oben und auch runter,
winkt Frau Müller untendrunter.
Am Abend legt sie sich zur Ruh
und schließt noch schnell die Türe zu.

Die Zunge weit herausstrecken.
Über die Lippen lecken.
Die Zunge nach oben und unten bewegen.
Mit der Zunge hin und her wackeln.
Die Zunge in den Mund zurückziehen.
Laut die Lippen aufeinander fallen lassen.

Mit der Nase schmecken

Alter: ab 3 Jahren
Material: verschiedene Obst- und Gemüsesorten in kleinen Stücken

Für dieses Wahrnehmungsspiel bietet die Spielleitung den Kindern eine Vielzahl von kleinen Obst- und Gemüsestückchen an. Zunächst probieren und kauen die Kinder genüsslich und prägen sich den typischen Geschmack der einzelnen Nahrungsmittel ein. Anschließend halten sie sich beim Probieren und Kauen die Nase zu. Was passiert? Mit verschlossener Nase und ohne den Riechsinn ist es sehr schwer herauszufinden, was man gerade isst!

Das schmeckt lecker!

Was ich gerne esse
Ratespiel

Alter: ab 4 Jahren
Material: Tafel, Kreide, Schwamm oder große Papierbögen und bunte Stifte

Die Kinder bilden zwei Gruppen. Dem jeweils ersten Kind jeder Gruppe flüstert die Spielleitung das gleiche Nahrungsmittel ins Ohr, z. B. Apfel, Banane, Gurke, Salat usw. Daraufhin malen die Kinder das Gehörte an die Tafel oder auf das Papier. Die übrigen Kinder der Gruppe versuchen möglichst schnell zu erraten, was das Kind aufgemalt hat. Ist es richtig, bekommt die Gruppe einen Punkt. Welche Gruppe errät am schnellsten die meisten Begriffe?

Die Lecker-Schmeck-Kette
Konzentrationsübung

Alter: ab 5 Jahren

Die Kinder bilden im Kreis lange Wörterketten mit den Nahrungsmitteln, die ihnen besonders gut schmecken. Ein Kind beginnt und sagt z. B.: *„Ich mag gerne Schokolade!"* Das nächste Kind wiederholt die Aussage und fügt hinzu: *„... und Pizza mit Salami!"* So geht die Kette im Kreis herum und wird immer länger.

Schokoladenwettessen
Geschicklichkeitsspiel

Alter: ab 5 Jahren
Material: Schokolade (in Geschenkpapier verpackt), Messer und Gabel, Schal, Mütze, Würfel

Die Kinder sitzen am Tisch, in der Mitte liegt die verpackte Schokolade. Ein Kind beginnt. Es zieht Mütze und Handschuhe an und versucht, die Schokolade mit dem Besteck zu öffnen. In der Zwischenzeit würfeln die Kinder reihum. Immer, wenn eine sechs gewürfelt wird, müssen Schal, Mütze und Besteck samt der Schokolade an dieses Kind weitergegeben werden. Bei der nächsten sechs wird wieder gewechselt, so lange, bis die Schokolade aufgegessen wurde.

Obst- und Gemüse-Mandala

Alter: ab 3 Jahren
Material: eine große Tischdecke oder ein großes Tuch, ein Seil, vier Porreestangen, verschiedene Obst- und Gemüsesorten, nach Farben unterteilt:

Rot: Kirschen, Erdbeeren, Johannisbeeren, Nektarinen, Tomaten, rote Paprika
Grün: Erbsen, Brokkoli, Zucchini, grüne Weintrauben, grüne Äpfel, Birnen
Blau: Heidelbeeren, Pflaumen, Brombeeren, blaue Weintrauben
Gelb/Orange: Aprikosen, Zitronen, Möhren, Pfirsiche , gelbe/orange Paprika
Die Spielleitung legt mit dem Seil eine Kreisform auf die Tischdecke; mit den Porreestangen teilt sie den Kreis in vier Abschnitte. Auf einem Tisch stehen die verschiedenen Obst- und Gemüsesorten bereit. Die Kinder gestalten daraus ein Mandala. Nach gebührender Würdigung des fertigen Mandalas entsteht aus den Gemüsen eine leckere Suppe und aus dem Obst ein fruchtiger Obstsalat.

Apfelessen

Alter: ab 4 Jahren
Material: 2 Schüsseln, Wasser, mehrere kleine Äpfel

Die Kinder bilden Paare. Auf Stühlen oder auf einem Tisch stehen die beiden Schüsseln mit Wasser, darin schwimmt ein Apfel. Die Kinder stellen sich vor die Schüssel, legen die Hände auf den Rücken und versuchen, den Apfel nur mit dem Mund aus dem Wasser zu angeln. Das ist gar nicht so einfach, denn der Apfel wackelt im Wasser ziemlich hin und her.

Erdbeershake

Alter: ab 4 Jahren
Material: 350 g Erdbeeren, eine Banane, ½ l Orangensaft, 1 Esslöffel Honig (die Menge reicht für vier große Gläser), Pürierstab, Brettchen, Messer, eine große Kunststoffschale, Gläser, Strohhalme

Die Kinder waschen die Erdbeeren vorsichtig, zupfen die Blütenblätter ab und vierteln die Früchte. Die Stücke werden in die Kunststoffschale gelegt und kommen für zwei Stunden in den Gefrierschrank.
Dann füllen die Kinder Erdbeeren, die geschälte Banane (in groben Stücken), den Orangensaft und den Honig in eine große Schüssel. Die Spielleitung mixt alles mit dem Pürierstab, bis eine glatte Masse entsteht. In Gläser füllen und sofort trinken!

147

Farben „schmecken"

Alter: ab 5 Jahren
Material: rotes Gemüse / rote Früchte wie z. B. Erdbeeren, Kirschen, Johannisbeeren, Paprika und Tomaten (in Stücke geschnitten); grünes Gemüse / grüne Früchte wie z. B. Gurke und grüne Paprika (in Stücke geschnitten), Weintrauben, Kiwis (in Stücken); blaues Obst wie z. B. Brombeeren, Heidelbeeren, blaue Weintrauben, schwarze Johannisbeeren; Teller, Tuch

Die Spielleitung legt das Tuch in die Kreismitte und verteilt darauf – nach Farben geordnet – die verschiedenen Obst und Gemüsesorten.

In einer ersten Spielrunde wählt jedes Kind spontan ein Teil aus der Mitte aus. Die Kinder beobachten, welche Farbe am meisten gewählt wurde. Sie überlegen: spricht eine Farbe uns besonders an oder verbinden wir mit der Farbe schon den leckeren Geschmack?

In einer zweiten Spielrunde probieren die Kinder die verschiedenen Obst- und Gemüsesorten nach Farben sortiert. Wer mag am liebsten rotes Obst oder Gemüse? Wer lieber grünes Gemüse oder blaues Obst?

Obst entsaften

Alter: ab 5 Jahren
Material: Obstsorten in verschiedenen Farben (siehe „Farben schmecken"), Schüsseln, Gabeln, feines Haushaltssieb

Die Kinder bilden Paare. Sie wählen eine Obstsorte aus, legen sie in eine Schüssel und zerkleinern sie mit einer Gabel. Dabei tritt der Saft der Früchte aus. Durch ein feines Haushaltssieb geben die Kinder den entstandenen Saft in ein Glas. Sie beobachten: Hat der Saft die gleiche Farbe wie die ganze Frucht? Sie vergleichen: wie schmeckt ein Stück der ganzen Frucht und wie schmeckt der daraus hergestellte Saft?

Getränke raten

Alter: ab 4 Jahren
Material: verschiedene Obst- und Gemüsesäfte (naturrein), Becher, Milch, Früchte (z. B. Himbeeren, Erdbeeren, Bananen), Pürierstab, kalter Tee (z. B. Pfefferminz, Hagebutte, Rooibos), Zucker, Löffel

Die Kinder bereiten zunächst mit der Spielleitung Milch-Shakes. Dazu werden in der Milch die verschiedenen Früchte mit dem Pürierstab zerkleinert. In die Becher werden anschließend die verschiedenen Getränke gefüllt und kleine Testreihen arrangiert. Jedes Kind wählt dann einen Becher aus und versucht heraus zu finden, was es schmeckt:

- z. B. aus fünf verschiedenen Säften den Ananassaft herausschmecken
- oder aus verschiedenen Gemüsesäften den Möhrensaft
- oder aus verschiedenen Milch-Shakes die Erdbeermilch
- oder aus verschiedenen kalten Tees den mit Zucker

Der Fantasie in der Anordnung der Testreihen sind keine Grenzen gesetzt und auch die Vielfalt der angebotenen Getränke lässt sich beliebig erweitern.

Zaubertrank

Alter: ab 3 Jahren
Material: frisches Obst (z. B. eine Kiwi, ein Apfel, 250 g Erdbeeren), Himbeersirup, 2 Liter Mineralwasser mit Kohlensäure, Zitronenmelisse, Schüssel, Brettchen, Messer, Gläser, Löffel, Schöpfkelle

Die Kinder schneiden das Obst in kleine Stücke und füllen es in die Schüssel. Dann geben sie etwa zehn Esslöffel Himbeersirup und das Mineralwasser dazu. Mit der Schöpfkelle füllen sie den kribbeligen Zaubertrank in Gläser und dekorieren sie mit der Zitronenmelisse.

Prickelspaß

Alter: ab 3 Jahren
Material: Brausepulver, Becher, Wasser

Ein besonderer Prickelspaß für die Zunge ist Brausepulver. Direkt auf die Zunge gestreut, beginnt die Zunge zu kribbeln und zu prickeln, ehe der Geschmack des jeweiligen Pulvers zu schmecken ist. Die Kinder testen im Kreis den Zungenprickelspaß und beschreiben, wie es sich anfühlt.
In einer zweiten Runde schütten sie das Brausepulver in einen Becher mit Wasser. Sie beobachten, wie das Wasser zu sprudeln beginnt. Dann probieren sie den Brausetrank und vergleichen:

• In welcher Form ist das Prickeln des Brausepulvers besser zu spüren?
• Wie verändert sich der Geschmack der Brause, wenn man sie in kaltes Wasser schüttet?

Eisgekühltes

Alter: ab 3 Jahren
Material: gefriergeeignete Dosen, Schüssel, Naturjoghurt (500 g), je 300 g frische Früchte (z. B. Erdbeeren, Himbeeren, Aprikosen, Heidelbeeren), Brettchen, Messer, Löffel, evtl. Vanillezucker, Pürierstab

Die Kinder sitzen am Tisch und schneiden gewaschenes Obst in kleine Stücke. Anschließend zerkleinert die Spielleitung das Obst mit dem Pürierstab. Die Kinder rühren jede Sorte Fruchtpüree unter einen Becher Naturjoghurt und geben je nach Geschmack ein Tütchen Vanillezucker dazu. Dann wird der Fruchtjoghurt in eine Dose gefüllt und ins Gefrierfach gestellt. Alle Stunde einmal gut durchrühren, damit sich möglichst wenig Eiskristalle bilden und das Joghurteis cremig schmeckt. Nach 5 Stunden kann das selbst gemachte Eis verspeist werden.

Was Raupen und Schmetterlingen schmeckt

Raupe und Schmetterling

Fingerspiel

Aus einem Apfel, oh wie nett,
schaut eine Raupe, dick und fett!
Sie frisst ein Blatt und noch ein Blatt,
bis sie sich satt gefressen hat.

Und ist der Sommer dann vorbei,
dann schläft sie bis zum nächsten Mai!
Chhhhhhhhhh – chhhhhhh – chhhh
Ganz langsam kriecht sie nun heraus,
aus ihrem Raupenpuppenhaus.

„So seht", ruft sie, „wie ich da drin
zum Schmetterling geworden bin!"
Und breitet ihre Flügel aus
und fliegt jetzt in die Welt hinaus.

Linke Hand bildet eine Faust, aus der der
rechte Zeigefinger hervorschaut.
Rechter Zeigefinger „frisst" auf der linken
Handfläche einen Finger nach dem
anderen weg.
Rechter Zeigefinger kriecht in die linke
Faust.
Leise schnarchen.
Rechter Zeigefinger kriecht aus der linken
Faust, und beide Daumen liegen neben-
einander.

Die anderen Finger „fliegen" nun davon.

Wo hat es den Raupen geschmeckt?

Forschen und Entdecken

Alter: ab 3 Jahren
Material: Lupen

Ein Forscherspiel für den Frühling!
Die Spielleitung überlegt mit den Kindern, wovon Raupen sich in der Natur ernähren.
In ihrer Wachstumsphase fressen sie sich nämlich an bestimmten Pflanzen so richtig
satt. Anschließend gehen die Kinder im Außengelände oder auf einem Spaziergang
durch den Wald auf Entdeckungsreise. Mit bloßen Augen oder mit Hilfe der Lupe
betrachten sie Blätter an Bäumen und Sträuchern und suchen nach Fraßspuren von
Raupen: Sie finden gefressene Linien, komplett abgenagte Blätter oder Blätter mit
Löchern. An manchen Stellen kann man den gefräßigen Raupen vielleicht sogar beim
Fressen zusehen!

Raupenspiel

Alter: ab 4 Jahren
Material: mehrere Schuhkartons mit Deckel, Schere, Schüsselchen, für jeden Karton eine Obst- und Gemüsesorte in Stücken

In die Schuhkartons schneiden die Kinder an der Stirnseite eine Öffnung für die Hand – je nach Dicke des Kartons mit Unterstützung der Spielleitung.
In jeden Karton wird ein Schüsselchen mit einer Obst- und Gemüsesorte gestellt und dann mit dem Deckel verschlossen.
Alle Kinder verwandeln sich nun in Raupen. Sie bekommen von der Spielleitung einen Namen, z. B. Birnenraupe, Möhrenraupe, Kohlrabiraupe usw. Auf ein Zeichen hin kriechen oder krabbeln alle Raupenkinder gleichzeitig los. Sie müssen durch Knabbern an den Obst- und Gemüsestückchen herausfinden, in welchem Karton z. B. die Birnenstückchen für die Birnenraupen verborgen sind.
Während des Spiels dürfen die Raupenkinder nicht miteinander sprechen. Wer glaubt, die richtige Futterquelle gefunden zu haben, bleibt neben dem entsprechenden Karton sitzen.

Rüssel-Schmecker: Schmetterlinge

Alter: ab 4 Jahren
Material: Deckel oder flache Schälchen, gelber Tonkarton, Schere, kleine Schüssel, Wasser, Zucker, Löffel,

Die Kinder schneiden aus dem gelben Tonkarton große Blumen aus. In einer Schüssel verrühren sie fünf bis sechs Esslöffel Zucker mit etwas Wasser – es soll eine stark konzentrierte Lösung sein. Im Außengelände verteilen die Kinder die Lösung in die Deckel oder Schälchen, unter jeden Deckel wird eine gelbe Kartonblume gelegt.
Dann heißt es warten: Schmetterlinge lassen sich sowohl von der kräftig gelben Farbe der Blume als auch vom süßen Geruch der Zuckerlösung anlocken. Den süßen Saft saugen sie mit einem feinen Rüssel auf und lassen ihn sich gut schmecken.

Geschichten

Geschicklichkeitsübungen

Gleichgewichtsübungen

Konzentrationsübungen

Koordinationsübungen

Kreativangebote

Kulinarisches

Ratespiele

Rätsel

Spiellieder

Wahrnehmungsübungen

Die Schriftfarbe verweist jeweils auf den Sinn, der bei dem Angebot im Vordergrund steht: Tastsinn, Gleichgewichtssinn, Körper- und Bewegungssinn, Sehsinn, Hörsinn, Geruchs- und Geschmackssinn